Sabine Stehr

Das Übungsheft Lesen 6

Lesetraining und Leseverständnis

Name: ______________________________

Klasse: ____________

Lesen – so fit bin ich

Fit im Lesen	Seite	Datum	Anzahl der richtigen Antworten	Wie leicht fiel mir das? ☺ 😐 ☹
1	16			
2	30			
3	44			
4	62			

Mildenberger

Inhaltsverzeichnis

Seite

Vorsicht Fettnäpfchen! 4
Zusammenfassen von Inhalten, Wortschatzarbeit, Texte in Sinnabschnitte einteilen 5
Zusammenfassen von Inhalten, Einzelinformationen entnehmen 6
Aussagen zum Text überprüfen, Einzelinformationen entnehmen 7

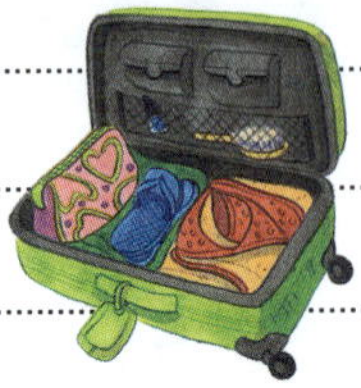

Umuts Koffer 8
Zusammenfassen von Inhalten, Wortschatzarbeit, Sinnabschnitte zusammenfassen, Einzelinformationen entnehmen 9
Zusammenfassen von Inhalten, Wortschatzarbeit, Sinnabschnitte zusammenfassen, Aussagen zum Text überprüfen, Einzelinformationen unterstreichen 11

Berlin, Berlin, wir fahren nach Berlin! 12
Zusammenfassen von Inhalten, Wortschatzarbeit, Texte in Sinnabschnitte einteilen, Einzelinformationen unterstreichen 13
Einzelinformationen entnehmen, zeitliche Abfolge des Textes überprüfen 14
Einzelinformationen entnehmen, Textverständnis übertragen 15

Fit im Lesen 1 16

Tijans Plan 18
Zusammenfassen von Inhalten, Wortschatzarbeit, Sinnabschnitte zusammenfassen, Einzelinformationen entnehmen, Einzelinformationen unterstreichen, Textverständnis übertragen 19
Zusammenfassen von Inhalten, Wortschatzarbeit, Einzelinformationen unterstreichen, Aussagen zum Text überprüfen 21

Lenis Savannen-Kunstwerk 22
Zusammenfassen von Inhalten, Wortschatzarbeit, Text in Sinnabschnitte einteilen, Sinnabschnitte zusammenfassen 23
Zeitliche Abfolge des Textes überprüfen, Einzelinformationen entnehmen 24
Einzelinformationen unterstreichen und entnehmen, Textverständnis übertragen 25

Reiseführer Mexiko 26
Zusammenfassen von Inhalten, Einzelinformationen unterstreichen 26
Einzelinformationen unterstreichen, inhaltliche Abfolge des Textes erkennen 27
Einzelinformationen entnehmen, Aussagen zum Text überprüfen 28
Einzelinformationen entnehmen, Aussagen zur Grafik überprüfen 29

Fit im Lesen 2 30

Rekordverdächtig! 32
Zusammenfassen von Inhalten, Wortschatzarbeit, Einzelinformationen unterstreichen, Text in Sinnabschnitte einteilen 33
Zusammenfassen von Inhalten, Aussagen zur Tabelle überprüfen, Textverständnis übertragen 34
Einzelinformationen unterstreichen und entnehmen, Textverständnis übertragen 35

Inhaltsverzeichnis

Wo Arepas auf Sushi treffen 36

Zusammenfassen von Inhalten, Wortschatzarbeit, Einzelinformationen unterstreichen und entnehmen 37

Zusammenfassen von Inhalten, Einzelinformationen unterstreichen und entnehmen 38

Einzelinformationen entnehmen, Aussagen zum Text überprüfen 39

Giganten im Hafen 40

Zusammenfassen von Inhalten, Wortschatzarbeit, Sinnabschnitte zusammenfassen, Testverständnis übertragen, Einzelinformationen unterstreichen und entnehmen 41

Zusammenfassen von Inhalten, Einzelinformationen unterstreichen, Sinnabschnitte zusammenfassen, zeitliche Abfolge des Textes überprüfen 43

Fit im Lesen 3 44

Sicher gebaut 46

Zusammenfassen von Inhalten, Wortschatzarbeit, Einzelinformationen unterstreichen, Text in Sinnabschnitte einteilen, Sinnabschnitte zusammenfassen 47

Einzelinformationen entnehmen, Textverständnis übertragen 48

Einzelinformationen entnehmen, Aussagen zum Text überprüfen 49

Ferienfreizeit in der ewigen Stadt 50

Zusammenfassen von Inhalten, Wortschatzarbeit 51

Einzelinformationen entnehmen und richtig zuordnen 52

Einzelinformationen entnehmen, Aussagen zum Text überprüfen 53

Mango-Lassi 54

Zusammenfassen von Inhalten 54

Wortschatzarbeit, Sinnabschnitte zusammenfassen, Einzelinformationen entnehmen, Aussagen zum Text überprüfen 55

Sinnabschnitte zusammenfassen 56

Wortschatzarbeit, Sinnabschnitte zusammenfassen, Textverständnis übertragen, Einzelinformationen entnehmen, Aussagen zum Text überprüfen 57

Der kleine Hobbit 58

Zusammenfassen von Inhalten, Wortschatzarbeit, wesentliche Informationen unterstreichen, Text in Sinnabschnitte einteilen, Sinnabschnitte zusammenfassen 59

Inhalte richtig zuordnen, Einzelinformationen entnehmen 60

Einzelinformationen entnehmen, zeitliche Abfolge des Textes überprüfen 61

Fit im Lesen 4 62

Lese-Bonbon: logisches Postkartenrätsel 64

Textsortenregister

Erzähltexte	Sachtexte, Grafik	Beschreibungen, Berichte, Anleitungen	Gebrauchstexte
Seite 8, 10, 18, 20, 40, 42, 54	Seite 4, 16, 29, 32, 44, 46	Seite 22, 26, 36, 56	Seite 12, 30, 50, 58, 62

Vorsicht Fettnäpfchen!

Seid ihr schon mal bei einem Auslandsaufenthalt sprichwörtlich in ein Fettnäpfchen getreten? Nein? Das kann aber schnell passieren, denn Sitten und Gebräuche sind überall auf der Welt sehr unterschiedlich. Wer nicht aufpasst oder sich vorher informiert, läuft Gefahr, ein paar gravierende Fehler zu begehen.

Unterschiede werden schon bei den Begrüßungen deutlich, denn nicht überall reicht man sich wie bei uns die Hand. Während man sich in vielen südlichen Ländern wie Frankreich, Spanien oder Italien Küsse auf die Wange gibt, verbeugt man sich in Japan zur Begrüßung. Und bei den neuseeländischen Maori drückt man sogar Nase und Stirn aneinander.

Auch in der Gestik gibt es viele Unterschiede. Wir drücken ein „Nein“ mit einem Kopfschütteln aus, in Bulgarien bedeutet diese Geste jedoch genau das Gegenteil. Möchte man „Nein“ sagen, muss man dort nicken, während man in Japan dazu mit der Hand vor seinem Gesicht winkt.

In manchen Ländern sind auch Dinge, die bei uns eindeutig zum schlechten Benehmen gehören, ein Zeichen von Anerkennung. Wer in China andere Menschen anstarrt, ist nicht unhöflich, sondern bekundet seine Neugierde. Dort gehört es auch zum guten Ton, dass man bei Tisch schmatzt, schlürft und rülpst. Was bei uns undenkbar ist, ist im Land des Lächelns normal. Andere Dinge, die bei uns gewöhnlich sind, sind in China hingegen verpönt. Ein gutes Beispiel hierfür ist das Naseputzen, das man niemals am Tisch tun sollte. In China wird erwartet, dass man dazu aufsteht und auf die Toilette geht. Man sollte in China übrigens auch niemals den Teller leer essen. Das bedeutet, dass man nicht satt geworden ist, und hat zur Folge, dass man sofort einen Nachschlag bekommt. Wer mit dem Essen fertig ist, sollte immer einen kleinen Rest auf dem Teller liegen lassen.

Schritt 1 Überblick verschaffen

1 Ergänze den Satz.

In diesem Text geht es um ____

____

____.

Schritt 2 Unbekannte Wörter klären

2 Was bedeutet das Wort „gravierend“? Schlage nach. Kreuze dann an.

☐ essbar ☐ amüsant ☐ schwerwiegend ☐ unverantwortlich

3 Was bedeuten die Worte „Geste“ und „Gestik“? Schlage nach. Trage dann stichpunktartig ein.

Geste: ____

Gestik: ____

4 Was bedeutet das Verb „verpönen“? Schlage nach. Trage dann stichpunktartig ein.

____

Schritt 3 Worum geht es genau?

5 Der Text lässt sich in 4 Sinnabschnitte einteilen. Finde die Abschnitte und trage die entsprechenden Zeilennummern ein.

Abschnitt 1: Zeile ________ bis Zeile ________

Abschnitt 2: Zeile ________ bis Zeile ________

Abschnitt 3: Zeile ________ bis Zeile ________

Abschnitt 4: Zeile ________ bis Zeile ________

6 Finde Stichwörter zum Inhalt eines jeden Abschnitts. Trage ein.

Abschnitt 1: ____

____

Abschnitt 2: ____

____

Abschnitt 3: ____

____

Abschnitt 4: ____

____

Schritt 4 Mit dem Text arbeiten

7 Begrüßungen aus welchen Ländern werden im Text erwähnt? Kreise ein.

China	Frankreich	Russland	Japan	Spanien
Neuseeland	Italien	Deutschland	Bulgarien	

Wie begrüßen sich die Maori in Neuseeland?

____

____

8 Wie begrüßt man sich in Bulgarien? Kreuze an.

- ☐ In Bulgarien nickt man zur Begrüßung mit dem Kopf.
- ☐ Im Text wird nicht erwähnt, wie man sich in Bulgarien begrüßt.
- ☐ Um jemanden zu begrüßen, verneigt man sich.

9 Streiche alle falschen Aussagen durch.

Ein Japaner, der mit der Hand vor seinem Gesicht winkt, drückt dasselbe aus wie ein Bulgare, der den Kopf schüttelt.

Wenn jemand in Bulgarien mit dem Kopf nickt, heißt es, dass er einer Sache zustimmt.

Wenn ein Deutscher in Japan mitteilen möchte, dass er nicht einverstanden ist, sollte er mit der Hand vor seinem Gesicht winken.

10 Was bedeutet es, wenn man in China jemanden anstarrt? Trage stichpunktartig ein.

____

____

11 Richtig oder falsch? Kreuze an.

	richtig	falsch
Während es hierzulande nicht höflich ist, bei Tisch zu schmatzen, ist dies in China durchaus üblich.	☐	☐
Im Gegensatz zu Deutschland wird in China erwartet, dass man beim Essen nicht schlürft.	☐	☐
In China wird es als unhöflich angesehen, wenn der Gast zum Naseputzen auf die Toilette geht.	☐	☐
Wer seinen Teller in China komplett leer isst, drückt aus, dass ihm das Essen gut geschmeckt hat.	☐	☐

12 Was passiert, wenn man in China seinen Teller leer gegessen hat? Trage stichpunktartig ein.

____

Umuts Koffer (Teil 1)

Umut steht am Flughafen in Antalya und wartet ungeduldig darauf, dass sich das Kofferband dreht. Nach dem langen Flug kann er es kaum erwarten, endlich seine Oma und seinen Opa wiederzusehen.

Warum dauert es denn so lange, bis die Koffer aus dem Flugzeug entladen werden? Endlich fängt das Transportband an, sich zu bewegen. Umut drängelt sich zwischen den anderen Fluggästen hindurch und entdeckt sofort seinen schwarzen Hartschalenkoffer. Schnell reißt er ihn vom Band und geht zum Ausgang, wo Oma und Opa schon auf ihn warten.

Umut fällt den beiden in die Arme. Als Umuts Vater seinen Koffer ebenfalls gefunden hat, fahren die vier direkt zum Haus der Großeltern.

Bevor es ein leckeres Begrüßungsessen mit viel Baklava gibt, möchte sich Umut jedoch noch umziehen. Also geht er in sein Gästezimmer, öffnet den Koffer und erschrickt.
Was ist das? In dem Koffer liegen ein rosa Bikini, ein buntes Handtuch mit Blumenmuster und jede Menge andere Mädchensachen. Mist! Das ist nicht sein Koffer. Umut ist plötzlich ganz konfus. Und jetzt? Umut ruft seinen Vater. „Warum hast du denn nicht auf das Schild geschaut?“, fragt er und zeigt auf einen Anhänger, auf dem „Anna-Maria Lose“ steht.

Schritt 1 Überblick verschaffen

1 Ergänze den Satz.

In Teil 1 der Geschichte geht es um ________________, der am Flughafen

____.

Schritt 2 Unbekannte Wörter klären

2 Was ist Baklava? Schlage nach und trage dann ein.

____

Schritt 3 Worum geht es genau?

3 Beschrifte die Klammern am Text. Trage stichpunktartig ein, worum es in dem jeweiligen Abschnitt geht.

Schritt 4 Mit dem Text arbeiten

4 Wen besucht Umut in Antalya? Trage ein.

____

5 Warum verwechselt er den Koffer? Trage stichpunktartig ein.

____

____

____

6 Wie merkt Umut, dass es der falsche Koffer ist? Trage ein.

____

____

Umuts Koffer (Teil 2)

Oma und Opa kommen hinzu. Oma lacht, Opa nimmt das Telefon. „Das haben wir gleich“, sagt er und ruft am Flughafen an. Doch leider hat niemand dort Umuts Koffer abgegeben.

An diesem Abend schläft Umut nicht besonders gut. Er ärgert sich über sich selbst.

Am nächsten Morgen möchte sein Vater mit ihm noch einmal zum Flughafen fahren. Gerade als Umut die Tür öffnet, steht dort ein Mädchen mit seiner Mutter. Umut lächelt. Nicht nur, weil das Mädchen sehr hübsch ist, sondern auch, weil es Umuts Koffer in den Händen hält. „Da war ein Zettel mit dieser Adresse in deinem Koffer“, erklärt es. „Tja. Deine Mutter hat mal wieder an alles gedacht“, sagt der Vater schmunzelnd zu Umut. Das Mädchen und Umut tauschen die Koffer.

„Können wir Sie als Wiedergutmachung vielleicht auf eine Sightseeing-Tour einladen? Wir kennen uns hier in der Stadt sehr gut aus“, bietet Umuts Vater an. „Warum nicht?“, sagt die Mutter des Mädchens.

Umut freut sich. Er hat nichts dagegen, mit dem Mädchen noch etwas mehr Zeit zu verbringen. So hat die ganze Koffer-Verwechslung doch noch etwas Gutes, denkt er und lächelt. Das Mädchen lächelt zurück und da wird Umut sogar ein klein wenig rot im Gesicht.

Schritt 1 Überblick verschaffen

7 Ergänze den Satz.

In Teil 2 der Geschichte geht es darum, wie Umut ______________________

____

____.

Schritt 2 Unbekannte Wörter klären

8 Was ist eine „Sightseeing-Tour“? Schlage nach und trage dann ein.

____

Schritt 3 Worum geht es genau?

9 Beschrifte die Klammern am Text. Trage stichpunktartig ein, worum es in dem jeweiligen Abschnitt geht.

Schritt 4 Mit dem Text arbeiten

10 Kreuze alle richtigen Antworten an.

- ☐ Umuts Opa ruft am Flughafen an, um herauszufinden, wem der Koffer gehört, den Umut mitgenommen hat.
- ☐ Am nächsten Morgen möchte Umuts Opa noch einmal mit seinem Enkel zum Flughafen fahren, um den Koffer zu suchen.
- ☐ Das Mädchen konnte Umut ausfindig machen, weil Umuts Mutter einen Zettel mit seiner Reiseanschrift in seinen Koffer gelegt hat.
- ☐ Umuts Vater bietet als Wiedergutmachung an, dem Mädchen und seiner Mutter die Stadt zu zeigen.

11 Unterstreiche im Text alle Textstellen rot, an denen deutlich wird, dass Umut das Mädchen toll findet.

Berlin, Berlin, wir fahren nach Berlin!

Am 24. April machte sich unsere Jahrgangsstufe 6 mit 67 Schülern und 6 Lehrern auf den Weg zu einer dreitägigen Klassenfahrt nach Berlin.

Morgens um 6 Uhr ging es mit zwei Reisebussen vom Parkplatz am Rotheweg in Richtung Hauptstadt los. Nach der Ankunft an der zentrumsnahen Jugendherberge Berlin-International besuchte die gesamte Reisegruppe das am Ku´damm gelegene Erlebnismuseum „The Story of Berlin“, bei dem man in verschiedenen Themenräumen 800 Jahre Stadtgeschichte interaktiv erleben konnte. Highlight der Ausstellung war ein originaler Atomschutzbunker. Anschließend machten sich Schüler und Lehrer auf den Weg zu einer einstündigen Schiffstour auf der Spree durch das historische Zentrum von Berlin, vorbei am Berliner Dom und der Museumsinsel.

Am zweiten Tag stand eine ausgiebige Stadtführung auf dem Programm. Vom Brandenburger Tor aus ging es teils zu Fuß, teils mit dem Bus zu vielen Höhepunkten der Hauptstadt wie dem Holocaust-Denkmal, der Siegessäule, dem Reichstag und zum Schluss dem Alexanderplatz samt Weltzeituhr. Abschluss der Führung war eine Fahrt auf den 368 m hohen Fernsehturm, der nicht nur Wahrzeichen von Berlin, sondern auch höchstes Bauwerk Deutschlands ist. Den Rest des Tages konnten die Schüler in Kleingruppen frei gestalten. Viele nutzten die Zeit für einen ausgiebigen Shoppingbummel in der Hauptstadt.

Am letzten Tag ging es nach einer Exkursion zum Berliner Olympiastadion wieder zurück zur Schule, wo alle gegen 23 Uhr unversehrt eintrafen.

Schritt 1 Überblick verschaffen

1 Ergänze den Satz.

In diesem ________________ geht es um ____________________________

____ nach ________________.

Schritt 2 Unbekannte Wörter klären

2 Was bedeutet „Exkursion“? Schlage nach. Kreuze an.

☐ Führung ☐ Ausflug ☐ Vortrag ☐ Museum ☐ Kurs

Schritt 3 Worum geht es genau?

3 Der Bericht aus der Schülerzeitung lässt sich in 4 Abschnitte einteilen. Finde die Abschnitte und trage die entsprechenden Zeilennummern ein.

Abschnitt 1: Zeile _______ bis Zeile _______

Abschnitt 2: Zeile _______ bis Zeile _______

Abschnitt 3: Zeile _______ bis Zeile _______

Abschnitt 4: Zeile _______ bis Zeile _______

4 Beschreibe den Inhalt jedes Abschnitts mit Stichwörtern. Trage ein.

Abschnitt 1: ____

Abschnitt 2: ____

Abschnitt 3: ____

Abschnitt 4: ____

5 Unterstreiche nun alle Besichtigungspunkte der Klassenfahrt blau.

Schritt 4 Mit dem Text arbeiten

6 Wie viele Personen nahmen an der Klassenfahrt teil? Kreuze an.

☐ 76 ☐ 67 ☐ 73 ☐ 80 ☐ nicht bekannt

7 Welche Informationen gibt uns der Text über die Hinreise?
Trage Stichwörter ein.

____

____

8 Welche Aktivitäten standen am 1. Tag auf dem Plan? Kreise ein.

Shoppingtour | Besuch des Brandenburger Tors | Bootsfahrt

Museumsbesuch | Besichtigung des Olympiastadions

Stadtführung | Fahrt auf den Fernsehturm

9 Bring die Besichtigungen der folgenden Sehenswürdigkeiten in die richtige zeitliche Reihenfolge. Nummeriere von 1 bis 7.

____ Fernsehturm

____ Olympiastadion

____ Brandenburger Tor

____ Berliner Dom

____ Siegessäule

____ Ku'damm

____ Weltzeituhr

Einzelinformationen entnehmen, zeitliche Abfolge des Textes überprüfen

10 Was erfahren wir über die Ausstellung am Ku'damm? Kreuze an.

- ☐ Sie heißt „The Story of Berlin".
- ☐ Es ist eine interaktive Ausstellung.
- ☐ Der Eintritt kostet 7,50 Euro.
- ☐ Man kann dabei ein Stück der Berliner Mauer besichtigen.
- ☐ Es gibt verschiedene Themenräume.
- ☐ Man kann einen Atomschutzbunker besichtigen.

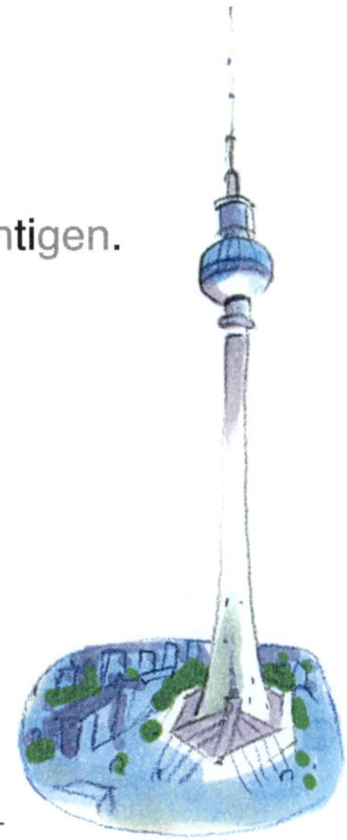

11 Welche Informationen liefert der Bericht über den Fernsehturm? Unterstreiche zunächst im Text rot.

12 Trage dann stichpunktartig ein.

____

____

13 Welche Schüleraussagen passen zur beschriebenen Klassenfahrt? Kreuze an.

- ☐ „Mir hat gut gefallen, dass wir die Stadtführung am zweiten Tag nicht ausschließlich zu Fuß machen mussten. Mir taten schon nach Tag 1 die Füße weh."
- ☐ „Berlin ist toll. Mir hat besonders der Atomschutzbunker gefallen, den wir am Abreisetag besichtigt haben."
- ☐ „Ich fand's cool, dass wir nach der Stadtführung noch Zeit zum Shoppen hatten."
- ☐ „Mir war die Klassenfahrt viel zu kurz. In zwei Tagen kann man gar nicht alles von der Hauptstadt sehen."
- ☐ „Die Stadtführung am ersten Tag zu machen, war blöd. Ich war noch viel zu müde, weil wir schon um 6 Uhr aufstehen mussten."
- ☐ „Das Olympiastadion fand ich ein bisschen langweilig. Wie gut, dass wir danach noch in Kleingruppen shoppen gehen konnten."

Mit der Autofähre nach England

Ihre Reisemöglichkeiten mit der Kanalfähre Frankreich – England
Preise gelten für 2 Erwachsene, 2 Kinder und ein Auto < 2 m

Hinfahrt	**Montag, 10.04.**	Spartarif (*1)	Flexitarif (*2)
06:00 Uhr	Dünkirchen – Dover	45 €	70 €
06:10 Uhr	Calais – Dover	50 €	75 €
07:20 Uhr	Dünkirchen – Dover	55 €	80 €
07:40 Uhr	Calais – Dover	59 €	84 €

Rückfahrt	**Freitag, 14.04.**	Spartarif (*1)	Flexitarif (*2)
10:15 Uhr	Dover – Calais	110 €	137 €
10:40 Uhr	Dover – Dünkirchen	150 €	173 €
12:10 Uhr	Dover – Calais	85 €	107 €
12:40 Uhr	Dover – Dünkirchen	140 €	175 €

Reiseinfo: Bitte checken Sie spätestens 60 min vor gebuchter Abfahrt ein.

(*1) Bei Stornierungen gibt es keine Rückerstattung. Bei Umbuchung fallen Gebühren an.
(*2) 48 Std. vor und nach gebuchter Abfahrt kann nach Verfügbarkeit flexibel umgebucht werden. Es fallen 2 € Umbuchungsgebühr an.

Schritt 1 Überblick verschaffen

1 Ergänze den Satz.

In dieser Übersicht geht es um ______________________________

____.

Schritt 2 Unbekannte Wörter klären

2 Was bedeutet das Wort „Stornierung“? Schlage nach. Trage dann ein.

____

3 Was bedeutet das Wort „flexibel“?
Schlage nach. Trage dann ein. ______________________________

15 min

Schritt 3 Mit der Übersicht arbeiten

4 Für welchen Tag gelten die Preise der Hinfahrt? ____________________

5 Wo startet die Hinfahrt? ____________________

6 Für wie viele Reisende gilt der Reisepreis? ____________________

____

7 Auf der Hinreise fährt Familie Herz von Calais los, auf der Rückfahrt will sie in Dünkirchen ankommen. In beiden Fällen entscheidet sie sich für den Flexitarif. Kreise in der Übersicht die günstigsten Tarife für ihre Hin- und Rückreise ein.

8 Familie Herz verpasst ihre Fähre um 30 min. Wie viel muss sie für die Umbuchung bezahlen?

____

____

____

9 Familie Hein möchte am 10.04. die frühestmögliche Fähre von Dünkirchen nach Dover nehmen.
Wann soll sie laut Übersicht spätestens einchecken? ____________________

10 Kreuze die richtigen Aussagen an.

- ☐ Die Kosten für die Hinfahrt sind bei allen Tarifauswahlmöglichkeiten geringer als die Preise für die Rückfahrt.
- ☐ Der Flexitarif ist immer teurer als der Spartarif zur selben Abfahrtszeit.
- ☐ Aus der Übersicht kann man auch die Dauer der Überfahrt ablesen.

Du hast ☐ von 12 Antworten richtig.

Tijans Plan (Teil 1)

Frühmorgens wacht der 12-jährige Tijan, der mit seiner Familie in einem kleinen Dorf im westafrikanischen Burkina Faso lebt, auf. Es ist noch dunkel, aber er muss sich schon auf den Weg machen. Bevor er zur Schule geht, hilft Tijan nämlich noch der Familie. Zuerst muss er zum zwei Kilometer entfernten Brunnen gehen, um frisches Wasser zu holen.

____

____

____

Schnellen Schrittes macht sich Tijan auf den Weg. Als er die Landstraße überqueren möchte, entdeckt er etwas Ungewöhnliches in einer Senke am Straßenrand. Neugierig nähert sich Tijan dem runden Gegenstand und erkennt, dass dort ein echter Fußball liegt. Einer aus Leder. Nicht so ein selbst gebasteltes Ding aus Plastiktüten und Stoffstücken, mit dem Tijan sonst schon mal spielt. Ein vorbeifahrendes Auto muss den Ball verloren haben. Da aber weit und breit niemand mehr zu sehen ist, steckt Tijan den Ball unter sein T-Shirt und eilt weiter.

____

____

____

Als er zurückkommt, guckt der Vater streng. Tijan ist spät dran. Er muss noch die Kühe zur Weide bringen und im Haus und auf dem Feld helfen, bevor er sich auf den Weg zur Schule macht. „Was hast du da?“, fragt der Vater und deutet auf sein Shirt. „Einen Fußball“, antwortet Tijan und lässt den Ball in einer Ecke verschwinden. Dann beeilt er sich, denn es ist schwierig, genügend Zeit für die Schule zu haben und gleichzeitig die Familie zu unterstützen.

____

____

____

____

Schritt 1 Überblick verschaffen

1 Ergänze den Satz.

In Teil 1 der Geschichte geht es um ______________________________

____________________, der auf dem Weg ______________________

______________________ findet.

Schritt 2 Unbekannte Wörter klären

2 Was ist eine „Senke“? Schlage nach. Trage dann ein.

____

Schritt 3 Worum geht es genau?

3 Beschrifte die Klammern am Text.
Trage stichpunktartig ein, worum es in dem jeweiligen Abschnitt geht.

Schritt 4 Mit dem Text arbeiten

4 Wo lebt Tijan?

____

5 Unterstreiche alles rot, was Tijan tut, um seine Familie zu unterstützen.

6 Was findet Tijan morgens auf dem Weg? Trage ein.

____

7 Warum ist der Vater nicht begeistert? Kreuze an.

- ☐ Weil Tijan den Ball gestohlen hat.
- ☐ Weil Tijan die Schule verpasst.
- ☐ Weil Tijan zu spät nach Hause kommt und noch helfen muss.

Tijans Plan (Teil 2)

Am Nachmittag wartet der Vater bei der Feldarbeit auf seinen Sohn. Tijan müsste längst von der Schule zurück sein, aber Tijan ist verschwunden – ebenso der Lederball.

Als der Junge endlich nach Hause kommt, ist der Vater ungehalten. „Anstatt zu helfen, bist du Fußball spielen gegangen. Ich bin sehr enttäuscht!“, schimpft er. „Nein“, entgegnet Tijan. „Ich war in der Stadt und habe den Lederball eingetauscht.“ Tijan holt mehrere Packungen teurer Kekse hervor.

Der Vater blickt verdrossen. Was sollen sie mit teuren Keksen, wo sie doch kaum Geld zum Leben haben? Doch Tijan grinst. „Die verkaufe ich nach der Schule an der Straßenkreuzung in der Stadt“, sagt er stolz. „Die Geschäftsleute in der Stadt lieben solche Kekse. Und mit dem Gewinn kaufe ich neue Ware.“

„Ob das funktioniert?“, meint der Vater, doch da drückt Tijan ihm stolz ein paar Münzen in die Hand: der Gewinn seiner ersten Verkäufe. Der Vater lächelt erstaunt. Vielleicht ist der Plan seines Sohnes doch gar nicht so verkehrt.

Schritt 1 Überblick verschaffen

8 Ergänze den Satz.

In Teil 2 der Geschichte geht es darum, dass ______________________________

____

____.

Schritt 2 Unbekannte Wörter klären

9 Was bedeutet das Wort „ungehalten“? Schlage nach und trage ein.

____

Schritt 3 Worum geht es genau?

10 Beschrifte die Klammern am Text. Trage stichpunktartig ein, worum es in dem jeweiligen Abschnitt geht.

Schritt 4 Mit dem Text arbeiten

11 Warum ist der Vater am Anfang von Teil 2 enttäuscht? Trage ein.

____

12 Unterstreiche im Text rot, was Tijan nach der Schule gemacht hat.

13 Richtig oder falsch? Kreuze an.

	richtig	falsch
Tijan hat den Ball gegen teure Kekse eingetauscht.	☐	☐
Tijan plant, mit dem Gewinn aus seinen Keksverkäufen neue Ware zu besorgen und weiterzuverkaufen.	☐	☐
Am Ende ist der Vater der Geschäftsidee seines Sohnes gegenüber nicht mehr negativ eingestellt.	☐	☐

Lenis Savannen-Kunstwerk

Leni liebt es, in ihrem Zimmer Musik zu hören und dabei zu zeichnen. Mit ihren neuen Ölfarbstiften beginnt sie, eine idyllische Savannen-Landschaft in Afrika zu zeichnen.

Im Vordergrund von Lenis Bild stehen verschiedene Tiere, die anscheinend friedlich koexistieren. Am linken Rand hat Leni einen groß gewachsenen Strauß mit dunkelbraunem Gefieder, hellbraunem Kopf und weißem Schnabel gemalt, der auf ein Nest mit drei großen, weißen Eiern blickt. Obwohl sich ein Löwe nähert, scheint der Vogel nicht beunruhigt zu sein.

Die Raubkatze, die am rechten Rand des Bildes steht, hat ein gelbbraunes Fell und eine zottelige, dunkle Mähne. Sie blickt den Betrachter voller Stolz an.

Im Hintergrund spazieren zwei langhalsige, gelbbraun gefleckte Giraffen auf einen riesigen Akazienbaum zu. Aufgrund ihrer ausladenden, sattgrünen Blätterkrone wirkt die Akazie ziemlich mächtig. Zwei weitere, kleinere Bäume stehen rechts und links am Rand der staubig wirkenden Landschaft. Und mittig im Hintergrund befindet sich ein Savannen-Tümpel mit schlammbraunem Wasser.

Am Horizont kann man eine Reihe rotbrauner Felserhebungen erkennen. Sie heben sich farblich vom leuchtend blauen, wolkenlosen Himmel ab, über den ein paar Vögel fliegen. Die Nachmittagssonne scheint auf die Savannen-Landschaft herunter und taucht alles in ein warmes Licht.

Lenis Bild hat eine sehr ruhige Ausstrahlung. Trotz der Tatsache, dass der Löwe ein Raubtier ist, wirkt er in Lenis Landschaft friedlich und bedächtig und scheint keine Gefahr für die anderen Tiere darzustellen. Die entspannte Atmosphäre wird durch die warmen Farben unterstrichen.

Schritt 1 Überblick verschaffen

1 Ergänze den Satz.

Bei diesem Text handelt es sich um die ______________________________

einer ____.

Schritt 2 Unbekannte Wörter klären

2 Was bedeutet das Wort „idyllisch“? Schlage nach und kreuze an.

☐ abendlich ☐ ruhig und friedlich ☐ langweilig ☐ öde ☐ trocken

3 Was bedeutet das Wort „koexistieren“? Schlage nach. Trage dann ein.

____

Schritt 3 Worum geht es genau?

4 Die Bildbeschreibung lässt sich in 4 grobe Abschnitte einteilen. Finde die Abschnitte und trage die entsprechenden Zeilenzähler ein.

Abschnitt 1: Zeile ______ bis Zeile ______

Abschnitt 2: Zeile ______ bis Zeile ______

Abschnitt 3: Zeile ______ bis Zeile ______

Abschnitt 4: Zeile ______ bis Zeile ______

5 Beschreibe den Inhalt jedes Abschnitts mit Stichwörtern. Trage ein.

Abschnitt 1: ______________________________

Abschnitt 2: ______________________________

Abschnitt 3: ______________________________

Abschnitt 4: ______________________________

Schritt 4 Mit dem Text arbeiten

6 In welcher Reihenfolge werden die Dinge beschrieben? Nummeriere von 1 bis 9.

____ Löwe	____ Giraffen	____ Felserhebungen
____ Strauß	____ Große Akazie	____ Vögel am Himmel
____ Tümpel	____ Straußeneier	____ Kleinere Bäume

7 Wie wird das Aussehen des Straußes beschrieben? Trage stichpunktartig ein.

____

____

8 Wie reagiert der Strauß auf den Löwen? Trage ein.

____

____

9 Wie wird der Löwe beschrieben? Kreise ein.

bedrohlich	hellbraunes Fell	mächtige Krallen
glänzende Mähne	stolzer Blick	bedächtig
friedlich	zottelige, dunkle Mähne	gelbbraunes Fell

10 Warum wirkt die große Akazie laut Beschreibung mächtig? Trage ein.

____

____

11 Unterstreiche im Text alles blau, was die Stimmung im Bild beschreibt.

12 Trage dann ein.

____

____

13 Wodurch kommt diese Stimmung zustande? Trage ein.

____

____

____

14 Kreuze das Bild an, das genau zu der Bildbeschreibung auf S. 22 passt.

☐

☐

☐

☐

Feiertage in Mexiko:

Neben dem Unabhängigkeitstag am 16. September ist der *Día de los Muertos*, auf Deutsch: der Tag der Toten, einer der wichtigsten Feiertage in Mexiko. Zwischen dem 31. Oktober und dem 2. November feiert das ganze Land ein fröhlich-buntes Fest zum Gedenken an die Verstorbenen.

Die Mexikaner glauben, dass an diesem Tag die Toten für einen Tag zu ihren Familien zurückkehren. Deshalb werden überall vor den Haustüren *Ofrendas* aufgestellt. Das sind Altäre, die mit Kerzen, Fotos und orangefarbenen Blumen prächtig geschmückt werden. Außerdem werden auf den *Ofrendas* neben den Lieblingsspeisen der Toten auch das typisch süße Totenbrot, Totenköpfe aus Zucker oder Skelette aus Marzipan bereitgestellt. Die Mexikaner verkleiden sich an diesem Tag, tragen traditionelle Kleidung und malen ihre Gesichter mit schwarz-weißer Schminke so an, dass sie fröhlichen Totenköpfen ähneln. Dann tanzen sie ausgelassen auf den Straßen und machen Musik. Traditionell wird *Pulque*, das alkoholische Nationalgetränk aus Agaven, zu den Feierlichkeiten getrunken. Mancherorts kann man auch prachtvolle Umzüge, die sogenannten *Comparsas*, bestaunen. Ausklang findet das Fest auf den Friedhöfen, wo die Toten mit Musik und Tanz wieder verabschiedet werden.

Schritt 1 Überblick verschaffen

1 Ergänze den Satz.

In diesem Text aus einem Reiseführer geht es um ________________________________

____.

Schritt 2 Unbekannte Wörter klären

2 Was bedeutet „Día de los Muertos“? Unterstreiche die Erklärung im Text blau. Trage dann ein.

____

3 Was sind „Ofrendas“? Unterstreiche die Erklärung im Text blau.
Trage dann ein.

___

___

4 Was ist Pulque? Unterstreiche die Erklärung blau.
Trage dann ein.

___

5 Was sind Comparsas? Unterstreiche die Erklärung im Text blau.
Trage dann ein.

___

Schritt 3 Worum geht es genau?

6 Malte hat sich Stichwörter am Rand des Textes notiert.
Bringe die Stichwörter in die richtige Reihenfolge, so wie sie am Rand des Textes stehen müssten:

- Ausklang
- Dekoration / Schmuck
- Bedeutung des Feiertags
- Kostümierung
- Feierlichkeiten auf der Straße
- Zeitraum der Feierlichkeiten
- Glaube der Mexikaner

1. ___
2. ___
3. ___
4. ___
5. ___
6. ___
7. ___

Schritt 4 Mit dem Text arbeiten

7 Wann findet der „Día de los Muertos“ statt? Trage stichpunktartig ein.

____

____

8 Was finden wir laut Text auf den Ofrendas? Kreise ein.

Skelette aus Marzipan   Schmuck   süßes Toastbrot

Blumen   Kerzen   Tontöpfe mit Marzipan   Lampen

Katzen   Skelette aus Zucker   Lieblingsspeisen der Toten

Totenköpfe aus Zucker   Kränze   Fotos   Wein

9 Kreuze die richtigen Aussagen an.

- ☐ Der „Día de los Muertos“ ist der mexikanische Unabhängigkeitstag.
- ☐ Der „Día de los Muertos“ ist einer der wichtigsten Feiertage im Land.
- ☐ Der „Día de los Muertos“ wird in ganz Mexiko gefeiert.
- ☐ Der „Día de los Muertos“ ist ein fröhlich-buntes Fest, bei dem die Menschen an die Verstorbenen denken.
- ☐ Die Mexikaner glauben, dass an diesem Tag die Verstorbenen für immer zu ihnen zurückkehren.

10 Wie geht das Fest zu Ende? Trage ein.

____

____

Reiseführer Mexiko (Teil 2)

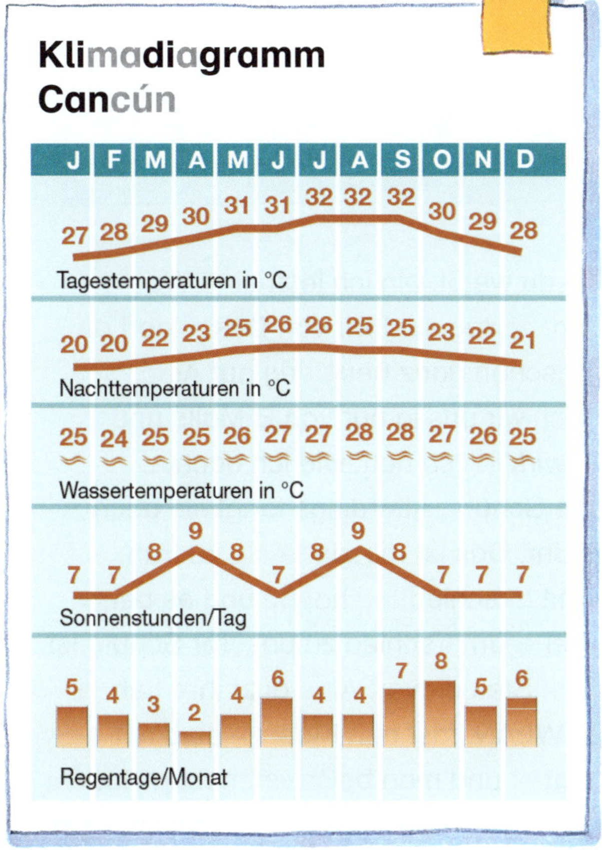

11 In welchen Monaten ist es tagsüber am heißesten? Trage ein.

____

____

12 Welcher Monat eignet sich gut für eine Reise, wenn man maximalen Sonnenschein bei geringster Regenwahrscheinlichkeit genießen möchte? Trage ein.

____

13 Richtig oder falsch? Kreuze an.

	richtig	falsch
Der „Día de los Muertos" findet im heißesten Monat des Jahres statt.	☐	☐
In den Monaten, in denen die Temperatur am höchsten ist, regnet es am meisten.	☐	☐
Die beiden Monate, in denen es die meisten Sonnenstunden gibt, sind die heißesten Monate.	☐	☐
Die Wassertemperatur ist am höchsten, wenn auch die Außentemperatur am höchsten ist.	☐	☐
Der Unterschied zwischen Tages- und Nachttemperatur ist immer gleich hoch.	☐	☐

E-Mail aus Helsinki

Hanna hat eine E-Mail von ihrer Cousine Lisa bekommen.

lisa@mail.de

Hei Hanna,

viele liebe Grüße aus Finnland. Wie du weißt, bin ich jetzt eine Woche zum Schüleraustausch hier. Am Donnerstag sind wir von Düsseldorf direkt nach Helsinki geflogen. Ich war schon ganz neugierig auf Aino, meine Gastschwester. Bisher kannten wir uns ja nur von E-Mails und Chatnachrichten. Zum Glück ist sie wirklich so nett, wie ich dachte. Und Finnland ist echt cool, sogar die Schule. Allerdings fängt sie auch genauso früh an wie bei uns: um 8 Uhr. Das ist mir eindeutig zu früh. Vor allem, weil wir hier noch eine Zeitverschiebung haben und es bei uns eigentlich erst 7 Uhr ist. Der größte Unterschied zu unserer Schule ist, dass es hier nicht so autoritär zugeht. Stell dir vor, Aino duzt ihre Lehrer sogar. Überall in der Schule gibt es WLAN, fast alle Klassen sind mit Beamern und Whiteboards ausgestattet und man bekommt mittags immer ein kostenloses Schulessen. So etwas gibt es bei uns nicht. Es ist nur ein bisschen blöd, dass die Schulstunden hier doppelt so lang sind wie bei uns. Aber weil hier alle so wenig Hausaufgaben haben, bleibt nachmittags genügend Zeit für andere Dinge. Und am Wochenende fahren wir zur Suomenlinna, einer sehr berühmten Seefestung, die auf einer Insel vor Helsinki liegt. Ich schicke dir per Handy ein paar Fotos. Bis dann!

Viele Grüße
Lisa

Schritt 1 Überblick verschaffen

1 Ergänze den Satz.

In dieser ________________ erzählt ____________ von ________________________

____.

15 min

Schritt 2 Unbekannte Wörter klären

2 Was bedeutet das Wort „autoritär“? Schlage nach. Kreuze dann an.

☐ selbstständig ☐ Gehorsam fordernd ☐ anstrengend

Schritt 3 Worum geht es genau?

3 Die E-Mail ist in 4 Abschnitte geteilt. Ergänze die Zeilenangaben.

Abschnitt 1: Begrüßung

Anfang Zeile 1 bis Zeile 3, Wort: hier

Abschnitt 2: Hinreise / erster Eindruck

Zeile _____, Wort: ________________ bis Zeile _____, Wort: ____________

Abschnitt 3: Schule in Finnland

Zeile _____, Wort: ________________ bis Zeile _____, Wort: ____________

Abschnitt 4: Nachmittagsgestaltung und Verabschiedung

Zeile _____, Wort: ________________ bis Ende

Schritt 4 Mit dem Text arbeiten

4 Unterstreiche rot, worin sich die finnische Schule von der deutschen unterscheidet.

5 Streiche alle falschen Aussagen.

Lisa kannte Aino schon vor dem Austausch persönlich.
Lisa ist von Finnland und dem dortigen Schulsystem begeistert.
Am Wochenende ist ein Ausflug zur Seefestung Suomenlinna geplant.

Du hast ____ von 12 Antworten richtig.

Rekordverdächtig!

Länder	Fläche in km²	Einwohnerzahl (Stand April 2017)
Russland	17,1 Mio.	146 Mio.
China	9,6 Mio.	1,38 Mrd.
USA	9,8 Mio.	326 Mio.
Kanada	9,9 Mio.	36,6 Mio.
Indien	3,3 Mio.	1,34 Mrd.

Neben sehr großen Ländern gibt es natürlich auch ziemlich winzige Staaten auf unserer Erde. Das flächenmäßig kleinste Land ist der Staat der Vatikanstadt, der mitten in Rom liegt. Er ist nur 0,44 km² groß, was ungefähr 61 Fußballfeldern entspricht. Da die Vatikanstadt allerdings rund 900 Einwohner hat, ist seine Bevölkerungsdichte mit (hochgerechnet) 2045 Einwohnern pro Quadratkilometer sogar sehr hoch. Im Gegensatz dazu ist in der Mongolei fast gar nichts los. Hier gibt es nur eine Bevölkerungsdichte von 2 Einwohnern pro km².

Berechnung der Bevölkerungsdichte

Die Bevölkerungsdichte eines Landes kann berechnet werden, indem man die Einwohnerzahl durch die Fläche (hier in km²) des Landes teilt. Der Quotient sagt aus, wie viele Einwohner auf einem Quadratkilometer wohnen.

Auch in Bezug auf die Temperatur gibt es interessante Rekorde auf der Erde. Der heißeste Ort befindet sich im amerikanischen Death Valley, dem sogenannten Tal des Todes, das in Kalifornien liegt. Da sich die Hitze im dortigen Tal staut, wurde hier mit 56,7 Grad Celsius die höchste Temperatur aller Zeiten registriert.

Wem das zu heiß ist, der fühlt sich vielleicht am kältesten Ort der Welt wohler. In der sibirischen Stadt Oimjakon wurden Minusgrade von fast -70 Grad Celsius gemessen. Somit ist Oimjakon der kälteste bewohnte Ort auf unserem Planeten. Kälter ist es nur noch in der Antarktis, wo Forscher eine Temperatur von -93,2 Grad Celsius aufgezeichnet haben. Dort ist es jedoch zu kalt zum Wohnen.

Das Übungsheft Deutsch 6

Rechtschreib- und Grammatiktraining

- Kleine, in sich geschlossene Übungseinheiten zu allen wichtigen Themen der Rechtschreibung und Grammatik
- Immer wiederkehrende, selbsterklärende Übungsformate
- Viele spielerische Aufgaben und Elemente
- Mit Belohnungsstickern
- Mit Lösungsheft, ideal für die Selbstkontrolle

Das Übungsheft Deutsch 6
64 S., vierf., Gh, 17 x 24 cm, mit herausnehmbarem Lösungsheft (16 S., vierf.)
ISBN 978-3-619-64170-3

www.mildenberger-verlag.de/190

Lese- und Lernprofi 6

Sinnerfassend lesen lernen – Klasse 6

Sinnerfassend lesen zu können, bildet die Grundlage für jeden Lernprozess – nur wer Texte sinngemäß versteht, ist auch in der Lage, Folgeaufgaben zu lösen.

Mit dem Verbrauchsmaterial der „Lese- und Lernprofi"-Reihe wird der Erwerb von Lesekompetenz geschickt mit dem systematischen Training von Lerntechniken und Lernstrategien kombiniert: Anhand zahlreicher Übungen lernen die Schülerinnen und Schüler das sinnerfassende Lesen, indem sie Texte nicht nur durchlesen, sondern auch inhaltlich und formal bearbeiten. Sie beantworten Verständnisfragen, lösen Rätsel, finden Synonyme, suchen Reimwörter, üben logisches Denken und lernen gleichzeitig verschiedene Textsorten und Literaturgattungen kennen.

Lese- und Lernprofi 6
112 S., vierf., Br, blau/rot silbiert – ISBN 978-3-619-64640-1
112 S., vierf., Br, unsilbiert – ISBN 978-3-619-64620-3

www.mildenberger-verlag.de/324

Lernwege Deutsch 6

Texte untersuchen und schreiben

Als persönliches Arbeitsbuch – einsetzbar im Unterricht wie auch zu Hause – legt „Lernwege Deutsch" die Grundlage für Wissen und Kompetenz im Fach Deutsch. Dieses Konzept sichert inklusives und kompetenzorientiertes Lernen.

Die wichtigsten Merkmale auf einen Blick:

- Startkapitel ist „Das Lernen lernen" mit einer Doppelseite. Alle weiteren Einheiten bestehen aus drei oder fünf Doppelseiten, sodass eine rasche Orientierung ermöglicht wird.
- Binnendifferenzierung und Individualisierung werden mithilfe von drei Niveaustufen ermöglicht. Eine zusätzliche Vorstufe ist vorangestellt.
- Der persönliche Lernstand kann überblickshaft im Inhaltsverzeichnis dokumentiert werden.
- Das beigefügte Lösungsheft ermöglicht die Selbstkontrolle.

Lernwege Deutsch 6
104 S., vierf., Br, mit Lösungsheft (24 S.) – ISBN 978-3-619-64112-3

www.mildenberger-verlag.de/634

4
5
6
7
8
9
10
11
12
13
14
15
18
19
20
21
22
23
24
25
26
27
28
29
32
33
34
35
36
37
38
39
40
41
42
43
46
47
48
49
50
51
52
53
54

Vorsicht Fettnäpfchen!

Seid ihr schon mal bei einem Auslandsaufenthalt sprichwörtlich in ein Fettnäpfchen getreten? Nein? Das kann aber schnell passieren, denn Sitten und Gebräuche sind überall auf der Welt sehr unterschiedlich. Wer nicht aufpasst oder sich vorher informiert, läuft Gefahr, ein paar gravierende Fehler zu begehen.

Unterschiede werden schon bei den Begrüßungen deutlich, denn nicht überall reicht man sich wie bei uns die Hand. Während man sich in vielen südlichen Ländern wie Frankreich, Spanien oder Italien Küsse auf die Wange gibt, verbeugt man sich in Japan zur Begrüßung. Und bei den neuseeländischen Maori drückt man sogar Nase und Stirn aneinander.

Auch in der Gestik gibt es viele Unterschiede. Wir drücken ein „Nein" mit einem Kopfschütteln aus, in Bulgarien bedeutet diese Geste jedoch genau das Gegenteil. Möchte man „Nein" sagen, muss man dort nicken, während man in Japan dazu mit der Hand vor seinem Gesicht winkt.

In manchen Ländern sind auch Dinge, die bei uns eindeutig zum schlechten Benehmen gehören, ein Zeichen von Anerkennung. Wer in China andere Menschen anstarrt, ist nicht unhöflich, sondern bekundet seine Neugierde. Dort gehört es auch zum guten Ton, dass man bei Tisch schmatzt, schlürft und rülpst. Was bei uns im undenkbar ist, ist im Land des Lächelns normal. Andere Dinge, die bei uns gewöhnlich sind, sind in China hingegen verpönt. Ein gutes Beispiel hierfür ist das Naseputzen, das man niemals am Tisch tun sollte. In China wird erwartet, dass man dazu aufsteht und auf die Toilette geht. Man sollte in China übrigens auch niemals den Teller leer essen. Das bedeutet, dass man nicht satt geworden ist, und hat zur Folge, dass man sofort einen Nachschlag bekommt. Wer mit dem Essen fertig ist, sollte immer einen kleinen Rest auf dem Teller liegen lassen.

Schritt 1 Überblick verschaffen

1 Ergänze den Satz.

In diesem Text geht es um unterschiedliche Sitten und Gebräuche in verschiedenen Ländern ______.

Schritt 2 Unbekannte Wörter klären

2 Was bedeutet das Wort „gravierend"? Schlage nach. Kreuze dann an.

☐ essbar ☐ amüsant ☒ schwerwiegend ☐ unverantwortlich

3 Was bedeuten die Worte „Geste" und „Gestik"? Schlage nach. Trage dann stichpunktartig ein.

Geste: Bewegung des Körpers, die etwas ausdrücken soll

Gestik: sämtliche Gesten zusammengenommen

4 Was bedeutet das Verb „verpönen"? Schlage nach. Trage dann stichpunktartig ein.

für schlecht halten und daher ablehnen

Schritt 3 Worum geht es genau?

5 Der Text lässt sich in 4 Sinnabschnitte einteilen. Finde die Abschnitte und trage die entsprechenden Zeilennummern ein.

Abschnitt 1: Zeile 1 bis Zeile 5

Abschnitt 2: Zeile 6 bis Zeile 10

Abschnitt 3: Zeile 11 bis Zeile 14

Abschnitt 4: Zeile 15 bis Zeile 33

6 Finde Stichwörter zum Inhalt eines jeden Abschnitts. Trage ein.

Abschnitt 1: Einleitung / weltweit unterschiedliche Sitten und Gebräuche

Abschnitt 2: Begrüßungen international / Unterschiede zu Deutschland

Abschnitt 3: Unterschiede in der Gestik

Abschnitt 4: spezielle Unterschiede zwischen China und Deutschland / Tischmanieren

Schritt 4 Mit dem Text arbeiten

7 Begrüßungen aus welchen Ländern werden im Text erwähnt? Kreise ein.

China (Frankreich) Russland (Japan) (Spanien) (Neuseeland) (Italien) (Deutschland) Bulgarien

Wie begrüßen sich die Maori in Neuseeland?

Sie drücken Nase und Stirn aneinander.

8 Wie begrüßt man sich in Bulgarien? Kreuze an.

☐ In Bulgarien nickt man zur Begrüßung mit dem Kopf.
☒ Im Text wird nicht erwähnt, wie man sich in Bulgarien begrüßt.
☐ Um jemanden zu begrüßen, verneigt man sich.

9 Streiche alle falschen Aussagen durch.

~~Ein Japaner, der mit der Hand vor seinem Gesicht winkt, drückt dasselbe aus wie ein Bulgare, der den Kopf schüttelt.~~

~~Wenn jemand in Bulgarien mit dem Kopf nickt, heißt es, dass er einer Sache zustimmt.~~

Wenn ein Deutscher in Japan mitteilen möchte, dass er nicht einverstanden ist, sollte er mit der Hand vor seinem Gesicht winken.

10 Was bedeutet es, wenn man in China jemanden anstarrt? Trage stichpunktartig ein.

Man drückt Interesse / Neugierde aus.

11 Richtig oder falsch? Kreuze an.

	richtig	falsch
Während es hierzulande nicht höflich ist, bei Tisch zu schmatzen, ist dies in China durchaus üblich.	☒	☐
Im Gegensatz zu Deutschland wird in China erwartet, dass man beim Essen nicht schlürft.	☐	☒
In China wird es als unhöflich angesehen, wenn der Gast zum Naseputzen auf die Toilette geht.	☐	☒
Wer seinen Teller in China komplett leer isst, drückt aus, dass ihm das Essen gut geschmeckt hat.	☐	☒

12 Was passiert, wenn man in China seinen Teller leer gegessen hat? Trage stichpunktartig ein.

Man bekommt einen Nachschlag.

Umuts Koffer (Teil 1)

Umut steht am Flughafen in Antalya und wartet ungeduldig darauf, dass sich das Kofferband dreht. Nach dem langen Flug kann er es kaum erwarten, endlich seine Oma und seinen Opa wiederzusehen.

Einleitung/ Umut in Türkei

Warum dauert es denn so lange, bis die Koffer aus dem Flugzeug entladen werden? Endlich fängt das Transportband an, sich zu bewegen. Umut drängelt sich zwischen den anderen Fluggästen hindurch und entdeckt sofort seinen schwarzen Hartschalenkoffer. Schnell reißt er ihn vom Band und geht zum Ausgang, wo Oma und Opa schon auf ihn warten.

Umut am Kofferband/ ungeduldig/ nimmt Koffer

Umut fällt den beiden in die Arme. Als Umuts Vater seinen Koffer ebenfalls gefunden hat, fahren die vier direkt zum Haus der Großeltern.

Umut fährt zu Oma und Opa nach Hause

Bevor es ein leckeres Begrüßungsessen mit viel Baklava gibt, möchte sich Umut jedoch noch umziehen. Also geht er in sein Gästezimmer, öffnet den Koffer und erschrickt.
Was ist das? In dem Koffer liegen ein rosa Bikini, ein buntes Handtuch mit Blumenmuster und jede Menge andere Mädchensachen. Mist! Das ist nicht sein Koffer. Umut ist plötzlich ganz konfus. Und jetzt? Umut ruft seinen Vater. „Warum hast du denn nicht auf das Schild geschaut?“, fragt er und zeigt auf einen Anhänger, auf dem „Anna-Maria Lose“ steht.

Umut bemerkt, dass er falschen Koffer hat

Schritt 1 Überblick verschaffen

1 Ergänze den Satz.

In Teil 1 der Geschichte geht es um *Umut*, der am Flughafen *aus Versehen einen falschen Koffer mitnimmt*.

Schritt 2 Unbekannte Wörter klären

2 Was ist Baklava? Schlage nach und trage dann ein.

süßes, in Sirup eingelegtes Gebäck aus Blätterteig

Schritt 3 Worum geht es genau?

3 Beschrifte die Klammern am Text. Trage stichpunktartig ein, worum es in dem jeweiligen Abschnitt geht.

Schritt 4 Mit dem Text arbeiten

4 Wen besucht Umut in Antalya? Trage ein.

seine Oma und seinen Opa

5 Warum verwechselt er den Koffer? Trage stichpunktartig ein.

Umut ist ungeduldig, will schnell zu den Großeltern, achtet deshalb nicht so genau darauf, ob es der richtige Koffer ist.

6 Wie merkt Umut, dass es der falsche Koffer ist? Trage ein.

Als er ihn öffnet, findet er Mädchensachen darin.

Umuts Koffer (Teil 2)

Oma und Opa kommen hinzu. Oma lacht, Opa nimmt das Telefon. „Das haben wir gleich“, sagt er und ruft am Flughafen an. Doch leider hat niemand dort Umuts Koffer abgegeben.

Anruf am Flughafen / ohne Erfolg

An diesem Abend schläft Umut nicht besonders gut. Er ärgert sich über sich selbst.

Umuts Ärger

Am nächsten Morgen möchte sein Vater mit ihm noch einmal zum Flughafen fahren. Gerade als Umut die Tür öffnet, steht dort ein Mädchen mit seiner Mutter. Umut lächelt. Nicht nur, weil das Mädchen sehr hübsch ist, sondern auch, weil es Umuts Koffer in den Händen hält. „Da war ein Zettel mit dieser Adresse in deinem Koffer“, erklärt es. „Tja. Deine Mutter hat mal wieder an alles gedacht“, sagt der Vater schmunzelnd zu Umut. Das Mädchen und Umut tauschen die Koffer.

Mädchen vor der Tür / Koffertausch

„Können wir Sie als Wiedergutmachung vielleicht auf eine Sightseeing-Tour einladen? Wir kennen uns hier in der Stadt sehr gut aus“, bietet Umuts Vater an. „Warum nicht?“, sagt die Mutter des Mädchens.

Einladung zur Wiedergutmachung

Umut freut sich. Er hat nichts dagegen, mit dem Mädchen noch etwas mehr Zeit zu verbringen. So hat die ganze Koffer-Verwechslung doch noch etwas Gutes, denkt er und lächelt. Das Mädchen lächelt zurück und da wird Umut sogar ein klein wenig rot im Gesicht.

Umuts Reaktion

Schritt 1 Überblick verschaffen

7 Ergänze den Satz.

In Teil 2 der Geschichte geht es darum, wie Umut *seinen Koffer wiederbekommt und nebenbei auch noch ein nettes Mädchen kennenlernt*.

Schritt 2 Unbekannte Wörter klären

8 Was ist eine „Sightseeing-Tour“? Schlage nach und trage dann ein.

eine Besichtigungsfahrt, eine Stadtrundfahrt

Schritt 3 Worum geht es genau?

9 Beschrifte die Klammern am Text. Trage stichpunktartig ein, worum es in dem jeweiligen Abschnitt geht.

Schritt 4 Mit dem Text arbeiten

10 Kreuze alle richtigen Antworten an.

- [ ] Umuts Opa ruft am Flughafen an, um herauszufinden, wem der Koffer gehört, den Umut mitgenommen hat.
- [ ] Am nächsten Morgen möchte Umuts Opa noch einmal mit seinem Enkel zum Flughafen fahren, um den Koffer zu suchen.
- [x] Das Mädchen konnte Umut ausfindig machen, weil Umuts Mutter einen Zettel mit seiner Reiseanschrift in seinen Koffer gelegt hat.
- [x] Umuts Vater bietet als Wiedergutmachung an, dem Mädchen und seiner Mutter die Stadt zu zeigen.

11 Unterstreiche im Text alle Textstellen rot, an denen deutlich wird, dass Umut das Mädchen toll findet.

Berlin, Berlin, wir fahren nach Berlin!

Am 24. April machte sich unsere Jahrgangsstufe 6 mit 67 Schülern und 6 Lehrern auf den Weg zu einer dreitägigen Klassenfahrt nach Berlin.

Morgens um 6 Uhr ging es mit zwei Reisebussen vom Parkplatz am Rotheweg in Richtung Hauptstadt los. Nach der Ankunft an der zentrumsnahen Jugendherberge Berlin-International besuchte die gesamte Reisegruppe das am Ku'damm gelegene Erlebnismuseum „The Story of Berlin“, bei dem man in verschiedenen Themenräumen 800 Jahre Stadtgeschichte interaktiv erleben konnte. Highlight der Ausstellung war ein originaler Atomschutzbunker. Anschließend machten sich Schüler und Lehrer auf den Weg zu einer einstündigen Schiffstour auf der Spree durch das historische Zentrum von Berlin, vorbei am Berliner Dom und der Museumsinsel.

Am zweiten Tag stand eine ausgiebige Stadtführung auf dem Programm. Vom Brandenburger Tor aus ging es teils zu Fuß, teils mit dem Bus zu vielen Höhepunkten der Hauptstadt wie dem Holocaust-Denkmal, der Siegessäule, dem Reichstag und zum Schluss dem Alexanderplatz samt Weltzeituhr. Abschluss der Führung war eine Fahrt auf den 368 m hohen Fernsehturm, der nicht nur Wahrzeichen von Berlin, sondern auch höchstes Bauwerk Deutschlands ist. Den Rest des Tages konnten die Schüler in Kleingruppen frei gestalten. Viele nutzten die Zeit für einen ausgiebigen Shoppingbummel in der Hauptstadt.

Am letzten Tag ging es nach einer Exkursion zum Berliner Olympiastadion wieder zurück zur Schule, wo alle gegen 23 Uhr unversehrt eintrafen.

Schritt 1 Überblick verschaffen

1 Ergänze den Satz.

In diesem Bericht geht es um die Klassenfahrt der Jahrgangsstufe 6 nach Berlin.

Schritt 2 Unbekannte Wörter klären

2 Was bedeutet „Exkursion“? Schlage nach. Kreuze an.

☐ Führung ☒ Ausflug ☐ Vortrag ☐ Museum ☐ Kurs

Schritt 3 Worum geht es genau?

3 Der Bericht aus der Schülerzeitung lässt sich in 4 Abschnitte einteilen. Finde die Abschnitte und trage die entsprechenden Zeilennummern ein.

Abschnitt 1: Zeile 1 bis Zeile 5
Abschnitt 2: Zeile 6 bis Zeile 24
Abschnitt 3: Zeile 25 bis Zeile 43
Abschnitt 4: Zeile 44 bis Zeile 48

4 Beschreibe den Inhalt jedes Abschnitts mit Stichwörtern. Trage ein.

Abschnitt 1: Einleitung: Wer fährt / wohin / wann / wie lange?
Abschnitt 2: Informationen über Tag 1 der Fahrt
Abschnitt 3: Informationen über Tag 2 der Fahrt
Abschnitt 4: Informationen über Tag 3 und Rückfahrt

5 Unterstreiche nun alle Besichtigungspunkte der Klassenfahrt blau.

Schritt 4 Mit dem Text arbeiten

6 Wie viele Personen nahmen an der Klassenfahrt teil? Kreuze an.

☐ 76 ☐ 67 ☒ 73 ☐ 80 ☐ nicht bekannt

7 Welche Informationen gibt uns der Text über die Hinreise? Trage Stichwörter ein.

Abfahrt um 6 Uhr / mit zwei Reisebussen / Abfahrt vom Parkplatz am Rotheweg

8 Welche Aktivitäten standen am 1. Tag auf dem Plan? Kreise ein.

Shoppingtour | Besuch des Brandenburger Tors | (Bootsfahrt)
(Museumsbesuch) | Besichtigung des Olympiastadions
Stadtführung | Fahrt auf den Fernsehturm

9 Bring die Besichtigungen der folgenden Sehenswürdigkeiten in die richtige zeitliche Reihenfolge. Nummeriere von 1 bis 7.

6 Fernsehturm
7 Olympiastadion
3 Brandenburger Tor
2 Berliner Dom
4 Siegessäule
1 Ku'damm
5 Weltzeituhr

10 Was erfahren wir über die Ausstellung am Ku'damm? Kreuze an.

☒ Sie heißt „The Story of Berlin“.
☒ Es ist eine interaktive Ausstellung.
☐ Der Eintritt kostet 7,50 Euro.
☐ Man kann dabei ein Stück der Berliner Mauer besichtigen.
☒ Es gibt verschiedene Themenräume.
☒ Man kann einen Atomschutzbunker besichtigen.

11 Welche Informationen liefert der Bericht über den Fernsehturm? Unterstreiche zunächst im Text rot.

12 Trage dann stichpunktartig ein.

368 m hoch, Wahrzeichen von Berlin, höchstes Bauwerk Deutschlands

13 Welche Schüleraussagen passen zur beschriebenen Klassenfahrt? Kreuze an.

☒ „Mir hat gut gefallen, dass wir die Stadtführung am zweiten Tag nicht ausschließlich zu Fuß machen mussten. Mir taten schon nach Tag 1 die Füße weh.“
☐ „Berlin ist toll. Mir hat besonders der Atomschutzbunker gefallen, den wir am Abreisetag besichtigt haben.“
☒ „Ich fand's cool, dass wir nach der Stadtführung noch Zeit zum Shoppen hatten.“
☐ „Mir war die Klassenfahrt viel zu kurz. In zwei Tagen kann man gar nicht alles von der Hauptstadt sehen.“
☐ „Die Stadtführung am ersten Tag zu machen, war blöd. Ich war noch viel zu müde, weil wir schon um 6 Uhr aufstehen mussten.“
☐ „Das Olympiastadion fand ich ein bisschen langweilig. Wie gut, dass wir danach noch in Kleingruppen shoppen gehen konnten.“

Das Übungsheft Deutsch 6 – Lösungen (Seite 16 – 19)

Fit im Lesen 1

Mit der Autofähre nach England

Ihre Reisemöglichkeiten mit der Kanalfähre Frankreich – England
Preise gelten für 2 Erwachsene, 2 Kinder und ein Auto < 2 m

Hinfahrt	**Montag, 10.04.**	Spartarif(*1)	Flexitarif(*2)
06:00 Uhr	Dünkirchen – Dover	45 €	70 €
06:10 Uhr	Calais – Dover	50 €	(75 €)
07:20 Uhr	Dünkirchen – Dover	55 €	80 €
07:40 Uhr	Calais – Dover	59 €	84 €
Rückfahrt	**Freitag, 14.04.**	Spartarif(*1)	Flexitarif(*2)
10:15 Uhr	Dover – Calais	110 €	137 €
10:40 Uhr	Dover – Dünkirchen	150 €	(173 €)
12:10 Uhr	Dover – Calais	85 €	107 €
12:40 Uhr	Dover – Dünkirchen	140 €	175 €

Reiseinfo: Bitte checken Sie spätestens 60 min vor gebuchter Abfahrt ein.
(*1) Bei Stornierungen gibt es keine Rückerstattung. Bei Umbuchung fallen Gebühren an.
(*2) 48 Std. vor und nach gebuchter Abfahrt kann nach Verfügbarkeit flexibel umgebucht werden. Es fallen 2 € Umbuchungsgebühr an.

Schritt 1 Überblick verschaffen

1 Ergänze den Satz.

In dieser Übersicht geht es um Reisemöglichkeiten und Preise der Kanalfähre zwischen Frankreich und England.

Schritt 2 Unbekannte Wörter klären

2 Was bedeutet das Wort „Stornierung"? Schlage nach. Trage dann ein.

eine Buchung rückgängig machen

3 Was bedeutet das Wort „flexibel"? Schlage nach. Trage dann ein. beweglich, biegsam

Schritt 3 Mit der Übersicht arbeiten

4 Für welchen Tag gelten die Preise der Hinfahrt? Montag, 10.04.

5 Wo startet die Hinfahrt? in Dünkirchen oder Calais

6 Für wie viele Reisende gilt der Reisepreis? Für 4 Reisende: 2 Erwachsene, 2 Kinder

7 Auf der Hinreise fährt Familie Herz von Calais los, auf der Rückfahrt will sie in Dünkirchen ankommen. In beiden Fällen entscheidet sie sich für den Flexitarif. Kreise in der Übersicht die günstigsten Tarife für ihre Hin- und Rückreise ein.

8 Familie Herz verpasst ihre Fähre um 30 min. Wie viel muss sie für die Umbuchung bezahlen?

Da die Familie den Flexitarif gebucht hat, muss sie 2 Euro Umbuchungsgebühr bezahlen.

9 Familie Hein möchte am 10.04. die frühestmögliche Fähre von Dünkirchen nach Dover nehmen.
Wann soll sie laut Übersicht spätestens einchecken? um 5 Uhr

10 Kreuze die richtigen Aussagen an.

- [x] Die Kosten für die Hinfahrt sind bei allen Tarifauswahlmöglichkeiten geringer als die Preise für die Rückfahrt.
- [x] Der Flexitarif ist immer teurer als der Spartarif zur selben Abfahrtszeit.
- [ ] Aus der Übersicht kann man auch die Dauer der Überfahrt ablesen.

16

Du hast ___ von 12 Antworten richtig.

17

Tijans Plan (Teil 1)

Frühmorgens wacht der 12-jährige Tijan, der mit seiner Familie in einem kleinen Dorf im westafrikanischen Burkina Faso lebt, auf. Es ist noch dunkel, aber er muss sich schon auf den Weg machen. Bevor er zur Schule geht, hilft Tijan nämlich noch der Familie. Zuerst muss er zum zwei Kilometer entfernten Brunnen gehen, um frisches Wasser zu holen.

Einleitung / Tijans Morgen

Schnellen Schrittes macht sich Tijan auf den Weg. Als er die Landstraße überqueren möchte, entdeckt er etwas Ungewöhnliches in einer Senke am Straßenrand. Neugierig nähert sich Tijan dem runden Gegenstand und erkennt, dass dort ein echter Fußball liegt. Einer aus Leder. Nicht so ein selbst gebasteltes Ding aus Plastiktüten und Stoffstücken, mit dem Tijan sonst schon mal spielt. Ein vorbeifahrendes Auto muss den Ball verloren haben. Da aber weit und breit niemand mehr zu sehen ist, steckt Tijan den Ball unter sein T-Shirt und eilt weiter.

Tijan findet einen Fußball

Als er zurückkommt, guckt der Vater streng. Tijan ist spät dran. Er muss noch die Kühe zur Weide bringen und im Haus und auf dem Feld helfen, bevor er sich auf den Weg zur Schule macht. „Was hast du da?", fragt der Vater und deutet auf sein Shirt. „Einen Fußball", antwortet Tijan und lässt den Ball in einer Ecke verschwinden. Dann beeilt er sich, denn es ist schwierig, genügend Zeit für die Schule zu haben und gleichzeitig die Familie zu unterstützen.

späte Rückkehr / Tijans Hilfsbereitschaft

Schritt 1 Überblick verschaffen

1 Ergänze den Satz.

In Teil 1 der Geschichte geht es um den in Afrika lebenden Tijan, der auf dem Weg zum Brunnen einen Fußball findet.

Schritt 2 Unbekannte Wörter klären

2 Was ist eine „Senke"? Schlage nach. Trage dann ein.

eine Vertiefung im Gelände

Schritt 3 Worum geht es genau?

3 Beschrifte die Klammern am Text.
Trage stichpunktartig ein, worum es in dem jeweiligen Abschnitt geht.

Schritt 4 Mit dem Text arbeiten

4 Wo lebt Tijan?

in einem kleinen Dorf im westafrikanischen Burkina Faso

5 Unterstreiche alles rot, was Tijan tut, um seine Familie zu unterstützen.

6 Was findet Tijan morgens auf dem Weg? Trage ein.

einen echten Lederfußball

7 Warum ist der Vater nicht begeistert? Kreuze an.

- [ ] Weil Tijan den Ball gestohlen hat.
- [ ] Weil Tijan die Schule verpasst.
- [x] Weil Tijan zu spät nach Hause kommt und noch helfen muss.

18

Zusammenfassen von Inhalten, Wortschatzarbeit, Sinnabschnitte zusammenfassen, Einzelinformationen entnehmen, Einzelinformationen unterstreichen, Textverständnis übertragen

19

Tijans Plan (Teil 2)

Am Nachmittag wartet der Vater bei der Feldarbeit auf seinen Sohn. Tijan müsste längst von der Schule zurück sein, aber Tijan ist verschwunden – ebenso der Lederball. → *Vater wartet auf Tijan*

Als der Junge endlich nach Hause kommt, ist der Vater ungehalten. „Anstatt zu helfen, bist du Fußball spielen gegangen. Ich bin sehr enttäuscht!“, schimpft er. „Nein“, entgegnet Tijan. „Ich war in der Stadt und habe den Lederball eingetauscht.“ Tijan holt mehrere Packungen teurer Kekse hervor. → *Vater sauer bei Tijans Rückkehr*

Der Vater blickt verdrossen. Was sollen sie mit teuren Keksen, wo sie doch kaum Geld zum Leben haben? Doch Tijan grinst. „Die verkaufe ich nach der Schule an der Straßenkreuzung in der Stadt“, sagt er stolz. „Die Geschäftsleute in der Stadt lieben solche Kekse. Und mit dem Gewinn kaufe ich neue Ware.“ → *Tijans Geschäftsidee*

„Ob das funktioniert?“, meint der Vater, doch da drückt Tijan ihm stolz ein paar Münzen in die Hand: der Gewinn seiner ersten Verkäufe. Der Vater lächelt erstaunt. Vielleicht ist der Plan seines Sohnes doch gar nicht so verkehrt. → *Reaktion Vater / Tijans Erfolg*

Schritt 1 Überblick verschaffen

8 Ergänze den Satz.

In Teil 2 der Geschichte geht es darum, dass *Tijan den Ball verkauft hat, um mit dem Gewinn ein Geschäft aufzubauen. Damit möchte er seine Familie unterstützen*.

Schritt 2 Unbekannte Wörter klären

9 Was bedeutet das Wort „ungehalten“? Schlage nach und trage ein.

verärgert

Schritt 3 Worum geht es genau?

10 Beschrifte die Klammern am Text. Trage stichpunktartig ein, worum es in dem jeweiligen Abschnitt geht.

Schritt 4 Mit dem Text arbeiten

11 Warum ist der Vater am Anfang von Teil 2 enttäuscht? Trage ein.

Er denkt, dass Tijan Fußball spielen war, statt zu helfen.

12 Unterstreiche im Text rot, was Tijan nach der Schule gemacht hat.

13 Richtig oder falsch? Kreuze an.

	richtig	falsch
Tijan hat den Ball gegen teure Kekse eingetauscht.	☒	☐
Tijan plant, mit dem Gewinn aus seinen Keksverkäufen neue Ware zu besorgen und weiterzuverkaufen.	☒	☐
Am Ende ist der Vater der Geschäftsidee seines Sohnes gegenüber nicht mehr negativ eingestellt.	☒	☐

Lenis Savannen-Kunstwerk

Leni liebt es, in ihrem Zimmer Musik zu hören und dabei zu zeichnen. Mit ihren neuen Ölfarbstiften beginnt sie, eine idyllische Savannen-Landschaft in Afrika zu zeichnen.

Im Vordergrund von Lenis Bild stehen verschiedene Tiere, die anscheinend friedlich koexistieren. Am linken Rand hat Leni einen groß gewachsenen Strauß mit dunkelbraunem Gefieder, hellbraunem Kopf und weißem Schnabel gemalt, der auf ein Nest mit drei großen, weißen Eiern blickt. Obwohl sich ein Löwe nähert, scheint der Vogel nicht beunruhigt zu sein.

Die Raubkatze, die am rechten Rand des Bildes steht, hat ein gelbbraunes Fell und eine zottelige, dunkle Mähne. Sie blickt den Betrachter voller Stolz an.

Im Hintergrund spazieren zwei langhalsige, gelbbraun gefleckte Giraffen auf einen riesigen Akazienbaum zu. Aufgrund ihrer ausladenden, sattgrünen Blätterkrone wirkt die Akazie ziemlich mächtig. Zwei weitere, kleinere Bäume stehen rechts und links am Rand der staubig wirkenden Landschaft. Und mittig im Hintergrund befindet sich ein Savannen-Tümpel mit schlammbraunem Wasser.

Am Horizont kann man eine Reihe rotbrauner Felserhebungen erkennen. Sie heben sich farblich vom leuchtend blauen, wolkenlosen Himmel ab, über den ein paar Vögel fliegen. Die Nachmittagssonne scheint auf die Savannen-Landschaft herunter und taucht alles in ein warmes Licht.

Lenis Bild hat eine sehr ruhige Ausstrahlung. Trotz der Tatsache, dass der Löwe ein Raubtier ist, wirkt er in Lenis Landschaft friedlich und bedächtig und scheint keine Gefahr für die anderen Tiere darzustellen. Die entspannte Atmosphäre wird durch die warmen Farben unterstrichen.

Schritt 1 Überblick verschaffen

1 Ergänze den Satz.

Bei diesem Text handelt es sich um die *Bildbeschreibung* einer *Savannen-Landschaft mit Tieren*.

Schritt 2 Unbekannte Wörter klären

2 Was bedeutet das Wort „idyllisch“? Schlage nach und kreuze an.

☐ abendlich ☒ ruhig und friedlich ☐ langweilig ☐ öde ☐ trocken

3 Was bedeutet das Wort „koexistieren“? Schlage nach. Trage dann ein.

gleichzeitig vorhanden sein / nebeneinander existieren

Schritt 3 Worum geht es genau?

4 Die Bildbeschreibung lässt sich in 4 grobe Abschnitte einteilen. Finde die Abschnitte und trage die entsprechenden Zeilenzähler ein.

Abschnitt 1: Zeile *1* bis Zeile *4*
Abschnitt 2: Zeile *5* bis Zeile *15*
Abschnitt 3: Zeile *16* bis Zeile *25*
Abschnitt 4: Zeile *26* bis Zeile *29*

5 Beschreibe den Inhalt jedes Abschnitts mit Stichwörtern. Trage ein.

Abschnitt 1: *Einleitung: Leni malt Savannenlandschaft*
Abschnitt 2: *im Vordergrund: Strauß und Löwe*
Abschnitt 3: *Hintergrund: Giraffen, Akazien, Tümpel, Felsen*
Abschnitt 4: *Gesamteindruck, Stimmung des Bildes*

Schritt 4 Mit dem Text arbeiten

6 In welcher Reihenfolge werden die Dinge beschrieben? Nummeriere von 1 bis 9.

3 Löwe	4 Giraffen	8 Felserhebungen
1 Strauß	5 Große Akazie	9 Vögel am Himmel
7 Tümpel	2 Straußeneier	6 Kleinere Bäume

7 Wie wird das Aussehen des Straußes beschrieben? Trage stichpunktartig ein.

groß gewachsen, dunkelbraunes Gefieder, hellbrauner Kopf, weißer Schnabel

8 Wie reagiert der Strauß auf den Löwen? Trage ein.

Er scheint nicht beunruhigt zu sein.

9 Wie wird der Löwe beschrieben? Kreise ein.

bedrohlich – hellbraunes Fell – mächtige Krallen – glänzende Mähne – (stolzer Blick) – (bedächtig) – (friedlich) – (zottelige, dunkle Mähne) – (gelbbraunes Fell)

10 Warum wirkt die große Akazie laut Beschreibung mächtig? Trage ein.

Sie hat eine ausladende, sattgrüne Blätterkrone.

11 Unterstreiche im Text alles blau, was die Stimmung im Bild beschreibt.

12 Trage dann ein.

idyllisch, friedlich, warmes Licht, ruhig, entspannte Atmosphäre, warme Farben

13 Wodurch kommt diese Stimmung zustande? Trage ein.

Leni hat warme Farben verwendet. Die Tiere sind alle entspannt, selbst der Löwe wirkt friedlich und stellt offensichtlich keine Bedrohung dar.

14 Kreuze das Bild an, das genau zu der Bildbeschreibung auf S. 22 passt.

☐ 

☐ 

☒ 

☐ 

Reiseführer Mexiko (Teil 1)

Feiertage in Mexiko:

Neben dem Unabhängigkeitstag am 16. September ist der *Día de los Muertos*, auf Deutsch: der Tag der Toten, einer der wichtigsten Feiertage in Mexiko. Zwischen dem 31. Oktober und dem 2. November feiert das ganze Land ein fröhlich-buntes Fest zum Gedenken an die Verstorbenen.

Die Mexikaner glauben, dass an diesem Tag die Toten für einen Tag zu ihren Familien zurückkehren. Deshalb werden überall vor den Haustüren *Ofrendas* aufgestellt. Das sind Altäre, die mit Kerzen, Fotos und orangefarbenen Blumen prächtig geschmückt werden. Außerdem werden auf den *Ofrendas* neben den Lieblingsspeisen der Toten auch das typisch süße Totenbrot, Totenköpfe aus Zucker oder Skelette aus Marzipan bereitgestellt. Die Mexikaner verkleiden sich an diesem Tag, tragen traditionelle Kleidung und malen ihre Gesichter mit schwarz-weißer Schminke so an, dass sie fröhlichen Totenköpfen ähneln. Dann tanzen sie ausgelassen auf den Straßen und machen Musik. Traditionell wird *Pulque*, das alkoholische Nationalgetränk aus Agaven, zu den Feierlichkeiten getrunken. Mancherorts kann man auch prachtvolle Umzüge, die sogenannten *Comparsas*, bestaunen. Ausklang findet das Fest auf den Friedhöfen, wo die Toten mit Musik und Tanz wieder verabschiedet werden.

Schritt 1 Überblick verschaffen

1 Ergänze den Satz.

In diesem Text aus einem Reiseführer geht es um den mexikanischen Feiertag „Día de los Muertos".

Schritt 2 Unbekannte Wörter klären

2 Was bedeutet „Día de los Muertos"? Unterstreiche die Erklärung im Text blau. Trage dann ein.

der Tag der Toten

3 Was sind „Ofrendas"? Unterstreiche die Erklärung im Text blau. Trage dann ein.

Altäre mit Kerzen, Fotos, Blumen und Speisen geschmückt

4 Was ist Pulque? Unterstreiche die Erklärung blau. Trage dann ein.

alkoholisches Nationalgetränk aus Agaven

5 Was sind Comparsas? Unterstreiche die Erklärung im Text blau. Trage dann ein.

prachtvolle Umzüge

Schritt 3 Worum geht es genau?

6 Malte hat sich Stichwörter am Rand des Textes notiert. Bringe die Stichwörter in die richtige Reihenfolge, so wie sie am Rand des Textes stehen müssten:

- Ausklang
- Dekoration / Schmuck
- Bedeutung des Feiertags
- Kostümierung
- Feierlichkeiten auf der Straße
- Zeitraum der Feierlichkeiten
- Glaube der Mexikaner

1. Bedeutung des Feiertags
2. Zeitraum der Feierlichkeiten
3. Glaube der Mexikaner
4. Dekoration / Schmuck
5. Kostümierung
6. Feierlichkeiten auf der Straße
7. Ausklang

Schritt 4 Mit dem Text arbeiten

7 Wann findet der „Día de los Muertos" statt? Trage stichpunktartig ein.

Jährlich zwischen dem 31. Oktober und 2. November

8 Was finden wir laut Text auf den Ofrendas? Kreise ein.

(Skelette aus Marzipan) · Schmuck · süßes Toastbrot · (Blumen) · (Kerzen) · Tontöpfe mit Marzipan · Lampen · Katzen · Skelette aus Zucker · (Lieblingsspeisen der Toten) · (Totenköpfe aus Zucker) · Kränze · (Fotos) · Wein

9 Kreuze die richtigen Aussagen an.

- [ ] Der „Día de los Muertos" ist der mexikanische Unabhängigkeitstag.
- [x] Der „Día de los Muertos" ist einer der wichtigsten Feiertage im Land.
- [x] Der „Día de los Muertos" wird in ganz Mexiko gefeiert.
- [x] Der „Día de los Muertos" ist ein fröhlich-buntes Fest, bei dem die Menschen an die Verstorbenen denken.
- [ ] Die Mexikaner glauben, dass an diesem Tag die Verstorbenen für immer zu ihnen zurückkehren.

10 Wie geht das Fest zu Ende? Trage ein.

Auf den Friedhöfen werden die Toten mit Musik und Tanz wieder verabschiedet.

Reiseführer Mexiko (Teil 2)

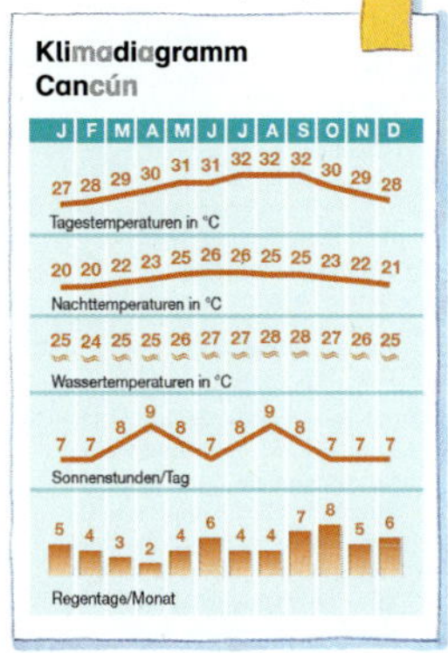

©DuMont Reiseverlag, D-73760 Ostfildern

11 In welchen Monaten ist es tagsüber am heißesten? Trage ein.

Juli, August, September

12 Welcher Monat eignet sich gut für eine Reise, wenn man maximalen Sonnenschein bei geringster Regenwahrscheinlichkeit genießen möchte? Trage ein.

April

13 Richtig oder falsch? Kreuze an.

	richtig	falsch
Der „Día de los Muertos" findet im heißesten Monat des Jahres statt.	☐	☒
In den Monaten, in denen die Temperatur am höchsten ist, regnet es am meisten.	☐	☒
Die beiden Monate, in denen es die meisten Sonnenstunden gibt, sind die heißesten Monate.	☐	☒
Die Wassertemperatur ist am höchsten, wenn auch die Außentemperatur am höchsten ist.	☒	☐
Der Unterschied zwischen Tages- und Nachttemperatur ist immer gleich hoch.	☐	☒

Fit im Lesen 2

15 min

E-Mail aus Helsinki

Hanna hat eine E-Mail von ihrer Cousine Lisa bekommen.

lisa@mail.de

Hei Hanna,

viele liebe Grüße aus Finnland. Wie du weißt, bin ich jetzt eine Woche zum Schüleraustausch hier. Am Donnerstag sind wir von Düsseldorf direkt nach Helsinki geflogen. Ich war schon ganz neugierig auf Aino, meine Gastschwester. Bisher kannten wir uns ja nur von E-Mails und Chatnachrichten. Zum Glück ist sie wirklich so nett, wie ich dachte. Und Finnland ist echt cool, sogar die Schule. Allerdings fängt sie auch genauso früh an wie bei uns: um 8 Uhr. Das ist mir eindeutig zu früh. Vor allem, weil wir hier noch eine Zeitverschiebung haben und es bei uns eigentlich erst 7 Uhr ist. Der größte Unterschied zu unserer Schule ist, <u>dass es hier nicht so autoritär zugeht</u>. Stell dir vor, <u>Aino duzt ihre Lehrer sogar</u>. <u>Überall in der Schule gibt es WLAN</u>, <u>fast alle Klassen sind mit Beamern und Whiteboards</u> ausgestattet und man bekommt <u>mittags immer ein kostenloses Schulessen</u>. So etwas gibt es bei uns nicht. Es ist nur ein bisschen blöd, dass <u>die Schulstunden hier doppelt so lang sind wie bei uns</u>. Aber weil hier alle so wenig Hausaufgaben haben, bleibt nachmittags genügend Zeit für andere Dinge. Und am Wochenende fahren wir zur Suomenlinna, einer sehr berühmten Seefestung, die auf einer Insel vor Helsinki liegt. Ich schicke dir per Handy ein paar Fotos. Bis dann!

Viele Grüße

Lisa

Schritt 1 Überblick verschaffen

1 Ergänze den Satz.

In dieser E-Mail erzählt Lisa von ihrem Schüleraustausch in Finnland.

Schritt 2 Unbekannte Wörter klären

2 Was bedeutet das Wort „autoritär"? Schlage nach. Kreuze dann an.

- [ ] selbstständig
- [x] Gehorsam fordernd
- [ ] anstrengend

Schritt 3 Worum geht es genau?

3 Die E-Mail ist in 4 Abschnitte geteilt. Ergänze die Zeilenangaben.

Abschnitt 1: Begrüßung

Anfang Zeile 1 bis Zeile 3, Wort: hier

Abschnitt 2: Hinreise/erster Eindruck

Zeile 3, Wort: Am bis Zeile 7, Wort: Schule

Abschnitt 3: Schule in Finnland

Zeile 7, Wort: Allerdings bis Zeile 17, Wort: Dinge

Abschnitt 4: Nachmittagsgestaltung und Verabschiedung

Zeile 17, Wort: Und bis Ende

Schritt 4 Mit dem Text arbeiten

4 Unterstreiche rot, worin sich die finnische Schule von der deutschen unterscheidet.

5 Streiche alle falschen Aussagen.

~~Lisa kannte Aino schon vor dem Austausch persönlich.~~
Lisa ist von Finnland und dem dortigen Schulsystem begeistert.
Am Wochenende ist ein Ausflug zur Seefestung Suomenlinna geplant.

Rekordverdächtig!

Länder	Fläche in km²	Einwohnerzahl (Stand April 2017)
Russland	17,1 Mio.	146 Mio.
China	9,6 Mio.	1,38 Mrd.
USA	9,8 Mio.	326 Mio.
Kanada	9,9 Mio.	36,6 Mio.
Indien	3,3 Mio.	1,34 Mrd.

Neben sehr großen Ländern gibt es natürlich auch ziemlich winzige Staaten auf unserer Erde. Das flächenmäßig kleinste Land ist der Staat der Vatikanstadt, der mitten in Rom liegt. Er ist nur 0,44 km² groß, was ungefähr 61 Fußballfeldern entspricht. Da die Vatikanstadt allerdings rund 900 Einwohner hat, ist seine Bevölkerungsdichte mit (hochgerechnet) 2045 Einwohnern pro Quadratkilometer sogar sehr hoch. Im Gegensatz dazu ist in der Mongolei fast gar nichts los. Hier gibt es nur eine Bevölkerungsdichte von 2 Einwohnern pro km².

Berechnung der Bevölkerungsdichte

Die Bevölkerungsdichte eines Landes kann berechnet werden, indem man die Einwohnerzahl durch die Fläche (hier in km²) des Landes teilt. Der Quotient sagt aus, wie viele Einwohner auf einem Quadratkilometer wohnen.

Auch in Bezug auf die Temperatur gibt es interessante Rekorde auf der Erde. Der heißeste Ort befindet sich im amerikanischen Death Valley, dem sogenannten Tal des Todes, das in Kalifornien liegt. Da sich die Hitze im dortigen Tal staut, wurde hier mit 56,7 Grad Celsius die höchste Temperatur aller Zeiten registriert.

Wem das zu heiß ist, der fühlt sich vielleicht am kältesten Ort der Welt wohler. In der sibirischen Stadt Oimjakon wurden Minusgrade von fast -70 Grad Celsius gemessen. Somit ist Oimjakon der kälteste bewohnte Ort auf unserem Planeten. Kälter ist es nur noch in der Antarktis, wo Forscher eine Temperatur von -93,2 Grad Celsius aufgezeichnet haben. Dort ist es jedoch zu kalt zum Wohnen.

Schritt 1 Überblick verschaffen

1 Ergänze den Satz.

In der Tabelle geht es um die Größe und Einwohnerzahl von Ländern.

2 Im Text geht es um die Länder mit der größten und der geringsten Einwohnerdichte und um Temperaturrekorde auf der Erde.

Schritt 2 Unbekannte Wörter klären

3 Was ist ein „Quotient“? Schlage nach. Trage dann ein.

das Ergebnis einer Division, also der Teilung einer Zahl durch eine andere

4 Was ist das Death Valley? Unterstreiche im Text blau. Trage dann ein.

das Tal des Todes

Schritt 3 Worum geht es genau?

5 Der Text lässt sich in 3 grobe Abschnitte einteilen. Finde die Abschnitte und trage die entsprechenden Zeilennummern ein.

Abschnitt 1: Zeile 1 bis Zeile 14

Abschnitt 2: Zeile 15 bis Zeile 19

Abschnitt 3: Zeile 20 bis Zeile 25

6 Beschreibe den Inhalt jedes Abschnitts mit Stichwörtern. Trage ein.

Abschnitt 1: Vatikanstadt: das kleinste Land mit großer Bevölkerungsdichte
Mongolei: Land mit niedrigster Bevölkerungsdichte

Abschnitt 2: Temperaturrekorde: heißester Ort / Death Valley

Abschnitt 3: kälteste Orte / Oimjakon und Antarktis

Schritt 4 Mit dem Text / der Tabelle arbeiten

7 Kreuze die richtigen Aussagen bezüglich der Tabelle an.

- [x] Obwohl Indien flächenmäßig nur das fünftgrößte Land der Liste ist, hat es die zweitgrößte Einwohnerzahl.

- [x] Die Fläche der USA ist kleiner als die von Russland.

- [ ] Russland ist zwar das flächenmäßig größte Land, bei der Anzahl der Bevölkerung liegt das Land jedoch ganz hinten.

- [x] Die Bevölkerungsdichte in Indien ist viel höher als in Kanada.

- [ ] China gehört – was Fläche und Einwohnerzahl angeht – zu den Top 3.

8 Die Bevölkerungsdichte von Kanada beträgt 3,69. Was sagt diese Zahl aus? Kreuze an.

- [ ] Auf 3,69 Quadratkilometer kommt in Kanada ein Einwohner.
- [ ] In Kanada wohnen 3,69 Mio. Menschen.
- [x] Auf einen Quadratkilometer kommen in Kanada 3,69 Einwohner.

9 Berechne die Bevölkerungsdichte von Russland. Kreuze dann an.

- [ ] 250
- [ ] 0,085
- [x] 8,5
- [ ] 8500

10 Wo liegt der Staat der Vatikanstadt? Trage ein.

mitten in Rom

11 Wie viele Einwohner gibt es im Staat der Vatikanstadt? Kreuze an.

- [ ] 0,44
- [ ] 61
- [x] 900
- [ ] 989
- [ ] 2045

12 Wie viele Einwohner gibt es in der Mongolei? Kreuze an.

- [ ] 2
- [x] Diese Information gibt der Text nicht.

13 Warum ist es im Death Valley so heiß? Trage ein.

Weil sich im Tal die Hitze staut.

14 Unterstreiche alle Temperaturrekorde der Erde im Text rot. Trage dann ein.

Death Valley: +56,7 Grad Celsius

Oimjakon: -70 Grad Celsius

Antarktis: -93,2 Grad Celsius

15 Wo liegt Oimjakon? Trage ein.

in Sibirien

16 Der Kälterekord von Oimjakon ist über 20 Grad wärmer als der in der Antarktis. Warum hält Oimjakon trotzdem einen Rekord? Trage ein.

Weil Oimjakon der kälteste bewohnte Ort ist. In der Antarktis kann niemand dauerhaft wohnen.

Wo Arepas auf Sushi treffen

Büddelstadt – Ganz Büddelstadt verwandelte sich am letzten Wochenende in eine riesige internationale Schlemmermeile. Frei nach dem Motto „In 80 Töpfen um die Welt“ fand bei allerschönstem Frühlingswetter von Freitagmittag bis Sonntagabend das erste Büddelstädter Streetfood-Festival im gesamten Innenstadtbereich statt. Koreanische Bowls, Sushi, malaysische Laksa-Nudelsuppe, Burger, osteuropäische Pierogi und vieles mehr konnte an zahlreichen, trendigen Food-Trucks und mobilen Garküchen probiert werden. Streetfood hat, wie man schnell merkte, nichts mit einfachen Imbissbuden und Fertiggerichten zu tun, sondern vielmehr mit der frischen Zubereitung von raffinierten Speisen. Was in anderen Ländern schon lange Trend ist, etabliert sich langsam auch in Deutschland.

Die Besucherzahlen sprechen für sich. Hunderte hungrige Gäste strömten in die Innenstadt. Dabei konnten sie sich nicht nur an den kulinarischen Genüssen erfreuen, sondern auch den Zubereitungsprozess an vielen Ständen live mitverfolgen. Wie zum Beispiel bei Phillipe Estevas, der an seinem Food-Truck venezolanische Arepas – kleine Maisfladen – herstellte, frittierte, mit Hähnchen, Käse, schwarzen Bohnen und Tomaten füllte und dazu karamellisierte Backbananen als Beilage servierte.

Allerdings hatte die frische Zubereitung auch ihre Schattenseiten, was die Besucher oft in Form von langen Warteschlangen zu spüren bekamen. Dennoch waren Gäste und Veranstalter unterm Strich begeistert. „Mit so einer großen Resonanz haben wir gar nicht gerechnet. Sicher lag es auch am guten Wetter. Wir werden das Event auf jeden Fall wiederholen. Dann wahrscheinlich mit noch mehr Ständen, damit niemand so lange warten muss“, teilte Organisator Peter Schmeken am Sonntagabend mit.

Schritt 1 Überblick verschaffen

1 Ergänze den Satz.

In diesem Zeitungsbericht geht es um das Büddelstädter Streetfood-Festival.

Schritt 2 Unbekannte Wörter klären

2 Was bedeutet das Wort „etablieren“? Schlage nach. Trage dann ein.

gründen, sich niederlassen

3 Was bedeutet das Wort „Resonanz“? Schlage nach. Kreuze dann an.

☐ Sonnenschein ☒ Anklang ☐ Gedränge ☐ Gewinn

4 Was sind „Arepas“? Trage ein.

Venezolanische Maisfladen, die gefüllt werden

Schritt 3 Worum geht es genau?

5 Der Artikel kann in 4 große Abschnitte eingeteilt werden. Abschnitt 1 geht von Zeile 1 bis Zeile 17. Trage die Informationen daraus ein.

Was fand statt? Streetfood-Festival

Wann? Am vergangenen Wochenende, Freitagmittag bis Sonntagabend

Wo? Büddelstadt, gesamter Innenstadtbereich

Wie? mit trendigen Food-Trucks und mobilen Garküchen

6 Finde Stichwörter zu den folgenden Abschnitten:

Zeile 18–26: Was ist Streetfood?

Zeile 27–42: Besucherzahlen, frische Zubereitung, z. B. Arepas

Zeile 43–49: Schattenseiten

Zeile 50–59: Worte des Organisators

Schritt 4 Mit dem Text arbeiten

7 Was erfahren wir über das Wetter während des Streetfood-Festivals? Trage ein.

Es gab allerschönstes Frühlingswetter.

8 Zum wievielten Mal fand das Streetfood-Festival in Büddelstadt statt? Trage ein.

zum ersten Mal

9 Wie viele Food-Trucks und Stände gab es? Kreuze an.

☐ 25 ☐ 80 ☒ Eine genaue Zahl wird nicht genannt.

10 Unterstreiche zunächst alle Gerichte, die im Text erwähnt werden, blau.

11 Kreise nun alle erwähnten Gerichte ein.

(Sushi) Döner Pommes

(Burger) (Pierogi) Crêpes

Ciabatta (Arepas) (Laksa-Suppe)

Currywurst (Koreanische Bowls)

12 Wie erklärt der Bericht Streetfood? Kreuze an.

☐ Streetfood heißt, dass man an einfachen Imbissbuden raffinierte Fertiggerichte probieren kann.

☐ Streetfood bedeutet, dass man an Food-Trucks und mobilen Garküchen internationale Fertiggerichte probieren kann.

☒ Streetfood steht für das Gegenteil von einfachen Imbissbuden und Fertiggerichten.

☒ Streetfood bedeutet, dass raffinierte Gerichte an Food-Trucks oder mobilen Garküchen frisch zubereitet werden.

13 Welchen Kritikpunkt gab es am Streetfood-Festival? Trage ein.

Die Wartezeiten vor den Ständen waren zu lang.

14 Welche W-Fragen werden im Bericht nicht beantwortet? Streiche durch.

Wie viele Besucher gab es beim Festival?
Wie waren die ~~Preise für~~ die Gerichte?
Womit wurden die Arepas gefüllt?
Wie zufrieden waren die Besucher?
Wer ist Peter Schmeken?
Was macht der Organisator für den Erfolg mitverantwortlich?

15 Welche Arbeitsschritte zeigte Phillipe Esteva? Kreise ein.

(Herstellung von Arepas-Fladen) Frittieren von Hähnchenfleisch

Karamellisieren von Bohnen (Füllen von Arepas)

16 Welche Verbesserungsvorschläge macht der Organisator? Trage ein.

Das nächste Mal soll es mehr Stände geben, um die Wartezeiten zu reduzieren.

Giganten im Hafen (Teil 1)

Zarah freut sich riesig, denn heute ist sie mit ihrer Tante unterwegs in Hamburg, um eine Containerhafen-Besichtigung zu machen. Bisher hat Zarah die riesigen Kräne und Containerschiffe nur aus der Ferne gesehen. Heute darf sie die Giganten, die sie schon immer fasziniert haben, endlich von Nahem betrachten.

Einleitung / Zarah und Tante machen Ausflug

Mit dem Bus geht es von der HafenCity los direkt zum Containerhafen. Da der Bus eine Sondergenehmigung hat, darf er auch in Bereiche fahren, in denen üblicherweise keine Besucher zugelassen sind.

Fahrt mit Bus zum Containerhafen

Zarah sieht schon von Weitem, dass dort im Hafen ein Containerriese angelegt hat. Das Schiff, das aus Shanghai kommt, ist über 300 m lang. Die Tourleiterin erzählt, dass der Ozeanriese rund 6000 Container geladen hat, von denen jeder einzelne bis zu 30 Tonnen schwer sein kann.

Ankunft, Zarah sieht Ozeanriese

„Und was befindet sich in den Containern?", will Zarah wissen. „Alles Mögliche", erklärt die Tourleiterin. „Zum Beispiel Lebensmittel, Möbel, Kleidung, technische Geräte, Spielsachen. Meist handelt es sich um Waren, die in China hergestellt und hier weiterverkauft werden. Hamburg ist übrigens der zweitgrößte Hafen Europas, was den Containerumschlag betrifft."

Inhalt der Container

Schritt 1 Überblick verschaffen

1 Ergänze den Satz.

In dieser Erzählung geht es um Zarah, die eine Containerhafenbesichtigung in Hamburg macht.

Schritt 2 Unbekannte Wörter klären

2 Was ist der „Containerumschlag"? Schlage nach. Kreuze dann an.

☐ Ein großer Papierumschlag, der über den Container geworfen wird.
☒ Es beschreibt die Containermenge, die ein- und ausgelagert wird.
☐ So wird die Entladung von Containern genannt.

Schritt 3 Worum geht es genau?

3 Beschrifte die Klammern am Text. Trage stichpunktartig ein, worum es in dem jeweiligen Abschnitt geht.

Schritt 4 Mit dem Text arbeiten

4 Warum freut sich Zarah? Trage stichpunktartig ein.

Zarah darf das erste Mal Containerkräne und -schiffe aus der Nähe sehen.

5 Was erfahren wir über das Containerschiff im Hafen? Unterstreiche blau.

6 Was befindet sich laut Tourleiterin in den Containern? Kreuze an.

☒ Sie sagt, dass alles Mögliche in den Containern sein kann.
☒ Sie sagt, dass es sich oft um Waren handelt, die weiterverkauft werden.
☒ In den Containern können sich z. B. Lebensmittel, Spielsachen und technische Geräte befinden.

Giganten im Hafen (Teil 2)

Das Schiff ist bereits am Poller vertäut und wird gerade entladen. In der Fachsprache sagt man dazu, dass die Waren gelöscht werden. Der Bus hält direkt neben einer Containerbrücke, einem riesigen, fast 40 m hohen, fahrbaren Kran, der die Container nun ablädt.

Einleitung, Bus hält an Containerbrücke

Der Kranfahrer sitzt hoch oben in einer schwebenden Kabine und erhält Informationen von einem Deckanweiser, der ihm vom Schiff aus mitteilt, welche Container entladen werden müssen. Mit einem Joystick steuert der Kranfahrer mit dem Spreader auf den richtigen Container zu. Der Spreader ist eine Greifvorrichtung, mit der er den Container greifen und schließlich hochheben kann. Der Fahrer transportiert nun den passenden Container vom Schiff und stellt ihn am Kai ab, von wo aus ihn ein über 12 m hoher Portalhubwagen, der sogenannte Van-Carrier, aufnimmt und zu einem Lagerplatz bringt.

Beschreibung der Containerentladung

„Faszinierend", denkt Zarah. Gegen all diese gigantischen Maschinen kommt sie sich richtig winzig vor.

Schluss, Zarahs Eindruck

Schritt 1 Überblick verschaffen

7 Ergänze den Satz.

In diesem Text wird beschrieben, wie ein Container von einem Schiff abgeladen wird.

Schritt 2 Unbekannte Wörter klären

8 Was ist die „Containerbrücke"? Unterstreiche im Text blau. Trage dann ein.

ein fast 40 m hoher, fahrbarer Kran

Schritt 3 Worum geht es genau?

9 Beschrifte die Klammern am Text. Trage stichpunktartig ein, worum es in dem jeweiligen Abschnitt geht.

Schritt 4 Mit dem Text arbeiten

10 Notiere die einzelnen Arbeitsschritte der Containerlöschung in der richtigen zeitlichen Reihenfolge.

1. Deckanweiser gibt Informationen an Kranführer.
2. Kranführer steuert Spreader mit Joystick zu Container.
3. Kranführer hebt Container mit Spreader hoch.
4. Kranführer stellt Container am Kai ab.
5. Van-Carrier nimmt Container auf.
6. Van-Carrier bringt Container zum Lagerplatz.

11 Wobei handelt es sich um ein Fahrzeug? Kreuze an.

☐ Spreader ☒ Van-Carrier

Fit im Lesen 3

15 min

Die Mutter aller Straßen

Die Route 66, eine der bekanntesten Straßen der USA, ist ein Synonym für Abenteuer und Freiheit.

Einst schlängelte sich der legendäre Highway fast 4000 km einmal komplett von Ost nach West durch das Land der unbegrenzten Möglichkeiten. Heute existiert die 1926 angelegte Straße in ihrer ursprünglichen Form allerdings nicht mehr. Damals, in den 1980er-Jahren, wurden Interstate Highways, die unseren Autobahnen ähneln, gebaut, um den immer dichter werdenden Verkehr auf der Route 66 zu entlasten. Danach verlor die Route 66 zunehmend an Bedeutung, wurde nicht mehr ausgebessert, verfiel zum Teil sogar. Einige Zeit später wurde die sogenannte „Mutter aller Straßen" jedoch partiell wieder instand gesetzt, weil Touristen ein großes Interesse hatten, die ursprüngliche Strecke abzufahren.

Kein Wunder: Eine Fahrt auf der legendären Straße ist ein echtes Erlebnis, Abenteuer pur. Auf dem Weg durch das Herz Amerikas kann man nämlich alle Facetten des weitläufigen Landes kennenlernen. Neben Wolkenkratzern in Chicago führt die Straße vorbei an kleineren Städten, Kornfeldern, alten Westernstädten, Indianerreservaten, verfallenen Motels und einsamen Truck-Stops. Sehenswert ist auf jeden Fall auch die Painted Desert, eine Wüstenregion in Arizona. Die rundlichen Felsen, die in verschieden geschichteten Farbkombinationen erscheinen, sind einmalig. Auch der Grand Canyon ist nicht weit und wirklich einen Abstecher wert.

Schritt 1 Überblick verschaffen

1 Ergänze den Satz.

In diesem Sachtext geht es um die Route 66, eine der berühmtesten Straßen Amerikas.

Schritt 2 Unbekannte Wörter klären

2 Was bedeutet das Wort „partiell"? Schlage nach. Trage dann ein.

teilweise

Schritt 3 Worum geht es genau?

3 Der Text ist in 3 Abschnitte unterteilt. Finde Stichwörter zu jedem Abschnitt.

Abschnitt 1 (Zeile 1–3): Einleitung, was ist Route 66?

Abschnitt 2 (Zeile 4–14): geschichtliche Entwicklung

Abschnitt 3 (Zeile 15–24): Sehenswertes

Schritt 4 Mit dem Text arbeiten

4 Wann wurde die Route 66 angelegt? Trage ein: 1926

5 Unterstreiche blau, an welchen Besonderheiten die Route 66 vorbeiführt.

6 Streiche alle falschen Aussagen.

Die Route 66 ist so bekannt, ~~weil sie mit~~ ihren 4000 km die längste Straße der Welt ist.

Die Route 66 existiert in ihrer ursprünglichen Form heute nicht mehr, da sie in den 1980er-Jahren an Bedeutung verlor und dann zum Teil verfiel.

Die Route 66 ermöglicht, Amerikas ganze Vielfalt kennenzulernen, wie zum Beispiel Indianerreservate, Großstädte wie Chicago oder Wüstenregionen.

Bei der Painted Desert handelt ~~es sich~~ um eine verlassene Westernstadt in Arizona.

Du hast ☐ von 17 Antworten richtig.

Sicher gebaut

Auf der Erde gibt es eigentlich ständig Erdbeben. Meist sind es kleinere Erschütterungen, aber auch ca. 1500 Beben der Stärke 5 oder mehr werden jährlich weltweit verzeichnet.

Die Gefahr für den Menschen geht dabei insbesondere von einstürzenden Gebäuden aus. Deshalb haben sich einige Ingenieure extra darauf spezialisiert, Gebäude zu konstruieren, die einem Erdbeben standhalten können. Man hat herausgefunden, dass eine massive Bauweise eher hinderlich ist. Wände bekommen Risse und das Haus stürzt schneller ein, wenn das Material starr und absolut unbeweglich ist. Architekten bauen heute in Erdbebenregionen gern mit duktiler Bauweise. Das bedeutet, dass sich das Material, das zum Bau verwendet wird, unter Belastung (wie es bei einem Erdbeben der Fall ist) in gewisser Weise leicht verformen kann.

Eine weitere Möglichkeit zur Vermeidung von immensen Schäden ist, das Gebäude vom Erdboden zu trennen. Man kann unter das Haus eine Gleitschicht aus Gummi und Stahl setzen. Diese Isolierschicht dient im Katastrophenfall als Dämpfer. Die Bewegungen der Erde werden bei einem Beben dadurch nur in geschwächter Form an das Haus weitergegeben.

Um speziell Hochhäuser erdbebensicher zu machen, gibt es besondere Konstruktionen. Ingenieure haben hierfür beispielsweise Schwingungsdämpfer entwickelt. Ein Schwingungsdämpfer ist eine Art Pendel, an dem eine tonnenschwere Kugel hängt. Das ganze Konstrukt wird in den obersten Stockwerken des Gebäudes befestigt. Bewegt sich das Hochhaus aufgrund eines Erdbebens oder eines starken Windes nun hin und her, schwingt die Pendelkugel automatisch in die entgegengesetzte Richtung. Die Folge ist, dass der Wolkenkratzer aufgrund dieser Ausgleichsbewegung nicht so stark schwankt und besser im Gleichgewicht bleibt. Ein solcher Schwingungsdämpfer wurde zum Beispiel in Taiwan beim „Taipeh 101", einem der größten Gebäude der Welt, eingebaut. Seine Kugel ist 660 Tonnen schwer.

Schritt 1 Überblick verschaffen

1 Ergänze den Satz.

In diesem Sachtext geht es um erdbebensicheres Bauen.

Schritt 2 Unbekannte Wörter klären

2 Was bedeutet das Wort „konstruieren"? Schlage nach. Kreuze dann an.

☐ verbessern ☐ verändern ☒ herstellen/bauen ☐ zerstören

3 Was bedeutet „duktile Bauweise"? Unterstreiche im Text blau.

4 Was ist ein „Schwingungsdämpfer"? Unterstreiche im Text blau. Trage dann ein.

eine Art Pendel, an dem eine tonnenschwere Kugel hängt

Schritt 3 Worum geht es genau?

5 Trage zu jedem Abschnitt des Textes die entsprechenden Zeilenangaben ein und gib den Abschnitten Überschriften.

Abschnitt 1: Zeile 1–3: Einleitung, Allgemeines über Erdbeben

Abschnitt 2: Zeile 4 – 13 : Einsturzgefahr, bewegliche Bauweise

Abschnitt 3: Zeile 14 – 19 : mehr Sicherheit durch Bauweise mit Trennschicht

Abschnitt 4: Zeile 20 – 34 : erdbebensichere Hochhäuser

Zusammenfassen von Inhalten, Wortschatzarbeit, Einzelinformationen unterstreichen, Text in Sinnabschnitte einteilen, Sinnabschnitte zusammenfassen

Schritt 4 Mit dem Text arbeiten

6 Wie viele Erdbeben gibt es jährlich? Kreuze an.

☐ 5 ☒ Es gibt 1500 Beben der Stärke 5 und höher.

☐ 660 ☒ Es gibt permanent kleinere Beben.

7 Was ist laut Text das Gefährliche an einem Erdbeben? Trage ein.

einstürzende Gebäude

8 Ist die massive Bauweise in Bezug auf erdbebensicheres Bauen eher gut oder schlecht? Trage ein und begründe.

Die massive Bauweise ist eher schlecht, da das Material starr ist, eher Risse bekommt und so schneller einstürzt.

9 Welchen Vorteil bietet die duktile Bauweise? Kreuze an.

☐ Da sich bei dieser Bauweise das Material nicht verformen lässt, ist es sicherer, wenn die Erde bebt.

☒ Da sich das Material leicht verformen kann, ist es nicht so starr und somit nicht so anfällig für Risse.

☐ Häuser, die in duktiler Bauweise erbaut wurden, verfügen über eine Gleitschicht aus Gummi.

10 Neben der duktilen Bauweise nennt der Text eine weitere Möglichkeit, normale Häuser erdbebensicherer zu machen. Welche? Trage ein.

Unter das Haus wird eine Isolierschicht aus Gummi und Stahl gesetzt.

11 Wie schützt die Gleitschicht aus Gummi und Stahl vor Erdbeben? Trage ein.

Sie wirkt wie ein Dämpfer, gibt die Bewegungen vom Beben nur in geschwächter Form weiter.

12 Wie können Hochhäuser laut Text erdbebensicher gemacht werden? Kreuze an.

☐ Mit Pendeldämpfern ☒ Mit Schwingungsdämpfern

☐ Mit Querverstrebungen ☐ Mit speziellen Stützpfeilern

☐ Mit Spezialverglasungen

13 Wo wird ein Schwingungsdämpfer angebracht? Trage ein.

in den obersten Stockwerken eines Hochhauses

14 Welche Aussagen zum Schwingungsdämpfer sind richtig? Kreuze an.

☐ Wenn sich ein Hochhaus bewegt, pendelt die Kugel des Schwingungsdämpfers in die gleiche Richtung und sorgt so für zusätzliche Stabilität.

☐ Durch Schwingungsdämpfer in Hochhäusern können Erdbeben der Stärke 5 oder mehr verhindert werden.

☒ Da die Pendelkugel für eine ausgleichende Bewegung sorgt, schwankt der Wolkenkratzer bei Beben oder starkem Wind nicht so stark hin und her.

☒ Die Pendelkugel eines Schwingungsdämpfers kann tonnenschwer sein.

☒ Im „Taipeh 101" ist solch ein Schwingungsdämpfer mit einer 660 t schweren Pendelkugel eingebaut.

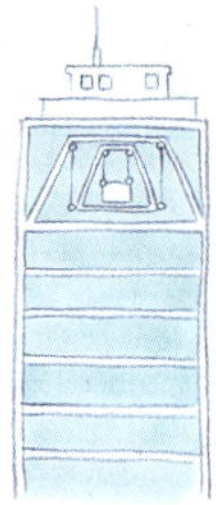

FERIENFREIZEIT IN DER EWIGEN STADT

für Kinder und Jugendliche zwischen 12 und 16 Jahren, organisiert und durchgeführt von der Stadt Offenbach

Leistungen:
- Fahrt im modernen, klimatisierten Fernreisebus
- Übernachtung in 4- bis 6-Personenzelten
- Vollverpflegung
- Wochenticket für die öffentlichen Verkehrsmittel
- Stadtführung und Lichterfahrt

Reisetermine: 15. bis 22. Juli oder 5. bis 12. August

Hast du Lust auf Spiel, Spaß, Sport, aber auch auf Kultur? Dieses Jahr bietet die Stadt Offenbach wieder eine Fahrt für Kinder und Jugendliche in die Weltstadt Rom an. Der moderne Campingplatz mit Supermarkt, Volley- und Fußballplatz, der auch Tennis, Minigolf und Internet gegen Gebühr anbietet, liegt am Rande des Stadtzentrums schattig unter Pinienbäumen. Von dort aus sind alle Sehenswürdigkeiten, aber auch der nahe gelegene Strand, zeitnah zu erreichen.
Wir bieten eine Stadtführung, eine Stadtrundfahrt durch das nächtliche Rom und Ausflüge zu den zahlreichen Sehenswürdigkeiten wie dem Kolosseum, dem Petersdom, der Spanischen Treppe oder dem Trevi-Brunnen an. Du hast aber auch die Möglichkeit, die Stadt mit ihren vielen Einkaufsmöglichkeiten auf eigene Faust in kleineren Gruppen zu erkunden oder einfach einen ruhigen Tag am Strand zu verbringen.
Für Sport und Freizeitaktivitäten gibt es abwechslungsreiche Angebote direkt auf dem Campingplatz.
Die Vollverpflegung besteht aus einem Frühstücksbüfett, Lunchpaket und warmen Abendessen. Täglich um 22.30 Uhr gibt es noch einen Nachtsnack. Natürlich haben wir auch spezielle Verpflegungsangebote für Vegetarier.

Schritt 1 Überblick verschaffen

1 Kreuze an. Bei diesem Text handelt es sich um

☐ einen Reisebericht. ☒ ein Reiseangebot. ☐ Reiseunterlagen.

2 Ergänze den Satz.

In diesem Text geht es um das Angebot einer Ferienfreizeit für Kinder und Jugendliche nach Rom.

Schritt 2 Unbekannte Wörter klären

3 Was bedeutet das Wort „klimatisiert"? Schlage nach. Trage dann ein.

Dass die Temperatur künstlich beeinflusst und geregelt wird.

4 Was ist Kultur? Schlage nach.
Verbinde dann mit dem richtigen Satzende.

Kultur
- ist, was der Mensch gestaltend hervorbringt (z. B. in der bildenden Kunst).
- bedeutet, eine Reise durch ein anderes Land zu machen.
- ist ein altes Wort für „entspannen".

5 Was ist ein Büfett? Schlage nach.
Streiche dann die falschen Aussagen.

Bei einem Büfett werden die Speisen am Tisch von einem Kellner serviert.

Bei einem Büfett werden die Speisen auf einem separaten Tisch aufgestellt, sodass man sich selbst bedienen kann.

Bei einem Büfett werden die Speisen der Reihe nach an den Gästen vorbeigetragen, sodass man sich selbst bedienen kann.

Schritt 3 Worum geht es genau?

6 Beantworte die Fragen stichpunktartig.

Wer veranstaltet die Reise? Stadt Offenbach

Welches Mindestalter müssen die Reisenden haben? 12 Jahre

Wie erfolgt die Anreise? im klimatisierten Fernreisebus

Wo schlafen die Reisenden? in 4- bis 6-Personenzelten

Wie lange dauert die Reise? eine Woche

Welche Aktivitäten werden angeboten? Stadtführung, Stadtrundfahrt, Ausflüge zu Sehenswürdigkeiten, Shopping, Strand, Sport auf Campingplatz

Schritt 4 Mit dem Text arbeiten

7 Trage folgende Wörter richtig in die Tabelle ein:

~~Restaurant~~ ~~Supermarkt~~ ~~Bistro~~ ~~Fußballplatz~~ ~~Volleyballplatz~~
~~Poolanlage~~ ~~Tennis~~ ~~Tischtennis~~ ~~Internet~~ ~~Spielplatz~~

Auf dem Campingplatz

Vorhanden	Nicht vorhanden
Supermarkt	Restaurant
(Fußballplatz)	Bistro
(Volleyballplatz)	Poolanlage
Tennis	Tischtennis
Internet	Spielplatz

8 Kreise in der Tabelle alle Dinge ein, die man auf dem Campingplatz kostenfrei nutzen kann.

9 Welche Sehenswürdigkeiten von Rom werden im Text erwähnt? Schreibe heraus.

Kolosseum, Petersdom, Spanische Treppe, Trevi-Brunnen

10 Kreuze alle richtigen Aussagen an.

- [ ] Die Stadt Offenbach führt diese Romreise zum ersten Mal durch.
- [x] Im Reisepreis sind nicht nur die Anreise, die Unterbringung und eine Vollverpflegung enthalten, sondern auch eine Stadtführung und eine Lichterfahrt durch das nächtliche Rom.
- [x] Neben der Besichtigung der Sehenswürdigkeiten haben die Reiseteilnehmer auch die Möglichkeit, einen Einkaufsbummel in Rom zu machen.
- [ ] Die Jugendlichen, die sich für die Romreise interessieren, haben drei Reisetermine zur Auswahl.
- [x] In jedem Zelt sind mindestens vier Reiseteilnehmer untergebracht.
- [x] Die Kinder und Jugendlichen haben unter anderem die Möglichkeit, an den Strand zu fahren.

11 Streiche die Fragen durch, auf die der Text keine Antworten gibt.

~~Wie teuer ist der Eintritt zu den Sehenswürdigkeiten?~~

~~Aus wie vielen Personen bestehen die Kleingruppen, mit denen die Kinder und Jugendlichen allein in die Stadt gehen dürfen?~~

~~Wie lange dauert die Anreise?~~

Aus wie vielen Mahlzeiten besteht die Vollverpflegung?

Aus welchen Mahlzeiten besteht die Vollverpflegung?

~~Wann gibt es Frühstück?~~

Mango-Lassi (Teil 1)

Zarah liebt indisches Essen und indische Getränke. Heute möchte sie mit Hanna das typisch indische Joghurtgetränk Mango-Lassi selbst herstellen. → Einleitung, Zarah und Hanna wollen Lassi machen

Für das Getränk benötigen sie eine reife Mango. Bevor die beiden einkaufen gehen, erklärt Zarahs Mutter noch, woran man erkennt, dass eine Mango reif ist. „Achtet darauf, dass die Frucht nicht mehr ganz so hart ist. Wenn ihr vorsichtig auf die Schale drückt, gibt sie leicht nach. Außerdem duftet eine reife Mango intensiv. An der Farbe kann man den Reifegrad der Mango übrigens nicht erkennen, denn es gibt ganz unterschiedliche Sorten, die alle verschiedene Farben haben können." → reife Mangos erkennen

Nachdem Zarah und Hanna im Supermarkt eine passende Mango gefunden haben, kaufen sie noch Naturjoghurt und eine Zitrone ein. Alle anderen Zutaten haben sie zu Hause. → im Supermarkt, die Zutaten

Als sie vom Einkaufen zurückkommen, machen sich die beiden sofort an die Zubereitung. Zarah nimmt sich das Rezept und die beiden gehen genau nach Anweisung vor. → zu Hause, Beginn der Zubereitung

Schritt 1 Überblick verschaffen

1 Ergänze den Satz.

In Teil 1 des Textes geht es um Zarahs und Hannas Plan, Mango-Lassi selbst herzustellen, und um den Einkauf dafür.

Schritt 2 Unbekannte Wörter klären

2 Was bedeutet das Wort „Reifegrad"? Schlage nach. Trage dann ein.

Stufe, Zustand der Reife

Schritt 3 Worum geht es genau?

3 Beschrifte die Klammern am Text. Trage stichpunktartig ein, worum es in dem jeweiligen Abschnitt geht.

Schritt 4 Mit dem Text arbeiten

4 Was ist Mango-Lassi? Trage ein.

ein typisch indisches Joghurtgetränk

5 Richtig oder falsch? Kreuze an.

	richtig	falsch
Zarah möchte mit Leni ein indonesisches Getränk herstellen.	☐	☒
Zarahs Mutter erklärt den Mädchen vor dem Einkaufen, wie sie eine reife Mango erkennen.	☒	☐
An der Farbe der Mango lässt sich nicht ablesen, wie reif die Frucht ist.	☒	☐
Die einzelnen Mangosorten kann man an ihrem Duft unterscheiden.	☐	☒
Alle Zutaten für den Mango-Lassi werden bereits in Teil 1 des Textes erwähnt.	☐	☒

Mango-Lassi (Teil 2)

Rezept:

1 reife Mango, 150 g Naturjoghurt, 150 ml Milch, ein EL brauner Rohrzucker, eine Prise Zimt, 1 Spritzer Zitronensaft — *Zutaten*

Nimm die Mango, schäle sie mit dem Sparschäler und tranchiere sie anschließend. Schneide dazu von allen Seiten mit einem scharfen Messer dicke Scheiben ab. Bleibe dabei möglichst nah am großen, flachen Kern, der in der Mitte der Mango liegt. Schneide so viel Fruchtfleisch ab, bis zum Schluss nicht mehr viel mehr übrig bleibt als der Kern. — *wie man Mangos schält und schneidet*

Gib das Fruchtfleisch der Mango mit dem Joghurt, der Milch, dem Zucker, Zimt und Zitronensaft in einen Standmixer und mixe alles gut durch. Wenn der Lassi dann noch zu dickflüssig ist, füge etwas Wasser hinzu. — *Zubereitung des Lassis*

Schritt 1 Überblick verschaffen

1 Ergänze den Satz.

In diesem *Rezept* geht es darum, wie man *einen Mango-Lassi zubereitet*.

Schritt 2 Unbekannte Wörter klären

2 Was bedeutet das Wort „tranchieren"? Schlage nach. Kreuze dann an.

[ ] schälen [x] zerlegen [ ] kochen [ ] dünsten [ ] pürieren

Schritt 3 Worum geht es genau?

3 Beschrifte die Klammern am Text. Trage stichpunktartig ein, worum es in dem jeweiligen Abschnitt geht.

Schritt 4 Mit dem Text arbeiten

4 Vergleiche mit Teil 1 des Textes. Welche Zutaten hatte Zarah zu Hause? Trage ein.

Milch, Rohrzucker, Zimt

5 Welche Arbeitsschritte gehören zum Vorbereiten der Mango für den Lassi? Kreuze an.

[x] schälen [ ] heiß abspülen [ ] trockentupfen
[ ] süßen [x] Scheiben abschneiden [ ] kurz anrösten

6 Welche Arbeitswerkzeuge benötigt man für die Herstellung des Lassis? Trage ein.

Sparschäler, scharfes Messer, Standmixer

7 Streiche die falschen Aussagen durch.

Für die Herstellung des ~~Mango-Lassis~~ wird ein Pürierstab benötigt.

Es wird so viel Fruchtfleisch von der Mango abgeschnitten, bis zum Schluss fast nur noch der Kern übrig bleibt.

Wasser ist eine Zutat, die ~~in jedem~~ Fall in den Lassi gehört.

Nachdem alle Zutaten ~~gemixt worden~~, schmeckt man noch mit Zitrone ab.

Der kleine Hobbit

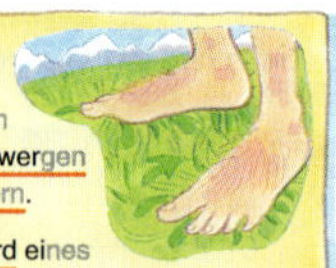

Der Roman „Der kleine Hobbit" von J.R.R. Tolkien handelt von Bilbo Beutlin, der sich mit dreizehn Zwergen auf den Weg macht, deren Schatz zurückzuerobern.

Der im Auenland lebende Hobbit Bilbo Beutlin wird eines Tages vom Zauberer Gandalf eingeladen, ihn und dreizehn Zwerge auf eine tollkühne Reise zu begleiten. Bilbo soll behilflich sein, den Schatz der Zwerge zurückzustehlen. Der wenig abenteuerlustige Hobbit lehnt das Angebot zunächst ab, überlegt es sich dann aber doch anders.

Zusammen machen sich die fünfzehn auf den Weg zum Berg Erebor, der die Heimat der Zwerge war, bis der Feuerdrache Smaug sie vertrieben hat, um an den dort liegenden Schatz zu gelangen. Auf der Reise nach Erebor muss sich die Gruppe Trollen stellen, vor Orks fliehen und verzauberte Wälder durchqueren. Im Gebirge findet Bilbo einen Zauberring, der unsichtbar machen kann.

Als die Gruppe endlich Erebor erreicht, schicken die Zwerge Bilbo los, zunächst den Arkenstein zu stehlen. Der Arkenstein ist ein wertvoller Edelstein, der demjenigen, der ihn findet, das Königsrecht über den Berg und somit auch über den Schatz verleiht. Bei seiner Suche weckt Bilbo jedoch den dort schlafenden Drachen Smaug auf. Der kleine Hobbit kann sich zwar mithilfe des Zauberrings unsichtbar machen und den Arkenstein schließlich stehlen, doch erzürnt er den Drachen. Smaug fliegt los und zerstört in seiner Wut eine nahe gelegene Seestadt, deren Einwohner er für den Diebstahl verantwortlich macht. Bei seinem Rachezug wird Smaug jedoch selbst getötet.

Da der Schatz im Berg nun unbewacht ist, wird er von verschiedenen Gruppen beansprucht. Nicht nur die Zwerge, auch Elben und Seemenschen fordern Teile des Schatzes ein. Während des Streits werden sie von einer Armee aus Orks und wilden Wölfen angegriffen. Elben, Menschen und Zwerge vereinen sich gegen die Feinde.

Nach ihrem Sieg wird der große Schatz schließlich gerecht geteilt und Bilbo Beutlin zieht, um einiges reicher und reifer als zuvor, vom Berg aus zurück ins Auenland.

Schritt 1 Überblick verschaffen

1 Ergänze den Satz.

In dieser Inhaltsangabe geht es um *den Roman „Der kleine Hobbit", in dem Bilbo Beutlin den Zwergen hilft, ihren Schatz zurückzuerobern*.

Schritt 2 Unbekannte Wörter klären

2 Was bedeutet der Begriff „tollkühn"? Schlage nach. Kreuze dann an.

[ ] lustig [x] wagemutig [ ] lang [ ] beschwerlich [ ] teuer

Schritt 3 Worum geht es genau?

3 Unterstreiche im Text alle Informationen, die für die Handlung wichtig sind, rot.

4 Trage zu jedem Abschnitt die entsprechenden Zeilenangaben und die passenden Stichwörter ein.

Abschnitt 1: Zeile 1–3: Einleitungssatz, Zusammenfassung

Abschnitt 2: Zeile *4* – *8* : *Grund der Reise*

Abschnitt 3: Zeile *9* – *14* : *Beginn der Reise, Weg nach Erebor*

Abschnitt 4: Zeile *15* – *24* : *am Berg Erebor, Bilbo stiehlt Arkenstein, Smaug stirbt*

Abschnitt 5: Zeile *25* – *29* : *Feinde, Kampf um den Schatz*

Abschnitt 6: Zeile *30* – Ende : *Aufteilung des Schatzes, Bilbos Heimkehr*

Schritt 4 Mit dem Text arbeiten

5 Verbinde richtig.

	war Heimat der Zwerge
Gandalf	ein Berg
Bilbo	ein Drache
Smaug	ein Hobbit
Erebor	ein Zauberer
	hat den Zwergen den Schatz weggenommen

6 Was erfahren wir in Zeile 4 bis 8 über den Hobbit? Trage ein.

Er lebt im Auenland. Er ist wenig abenteuerlustig.

7 Warum wird Bilbo Beutlin zur Reise eingeladen? Kreuze an.

☐ Weil er ein Hobbit ist. ☐ Er ist ein guter Kämpfer.
☐ Er ist sehr schlau. ☐ Nur Bilbo kennt den Weg.
☒ Er soll beim Stehlen des Zwergenschatzes behilflich sein.

8 Was ist der Zweck der Reise? Trage ein.

Zweck ist, den Schatz der Zwerge zurückzuerobern.

9 Was erfahren wir über Erebor? Trage ein.

Erebor ist ein Berg, war die Heimat der Zwerge, im Berg Erebor liegt ein Schatz, Smaug liegt dort und bewacht den Schatz.

10 Was passiert auf dem Weg nach Erebor? Kreuze an.

☐ Entführung durch Elben ☐ Sturz in eine Schlucht
☒ Wanderung durch verzauberte Wälder ☒ Flucht vor Orks
☒ Auseinandersetzung mit Trollen ☐ Kampf gegen Smaug

11 Was erfahren wir über den Arkenstein? Trage ein.

Er ist ein wertvoller Edelstein, der das Königsrecht über den Berg und somit auch über den Schatz verleiht.

12 Bringe die Ereignisse in die richtige zeitliche Reihenfolge. Nummeriere von 1 bis 15.

11 Smaug zerstört die Seestadt.
3 Bilbo lehnt die Reise ab.
1 Smaug vertreibt Zwerge aus Erebor.
9 Bilbo macht sich unsichtbar.
12 Wilde Wölfe greifen Zwerge, Elben und Seemenschen an.
15 Bilbo Beutlin kehrt nach Hause zurück.
14 Der Schatz wird gerecht geteilt.
4 Die Gruppe macht sich auf den Weg nach Erebor.
6 Bilbo findet einen Ring, der unsichtbar machen kann.
8 Smaug wacht auf.
10 Bilbo stiehlt den Arkenstein.
7 Die Reisegruppe erreicht Erebor.
2 Bilbo bekommt das Angebot, an der Reise teilzunehmen.
5 Die Reisegruppe muss sich einer Gruppe Trolle stellen.
13 Elben, Zwerge und Seemenschen siegen gegen Orks und Wölfe.

Fit im Lesen 4

15 min

Urlaub in Deutschland?

Als Hausaufgabe sollte Malte einen Aufsatz zum Thema „Soll man die Ferien in Deutschland verbringen?“ schreiben. Hier ist sein Text:

Kurz vor den Ferien überlegen viele Familien, wohin sie in den Urlaub fahren. Bleiben sie dieses Jahr in Deutschland, anstatt ins Ausland zu fahren? Einiges spricht dafür, einiges dagegen.
Dafür spricht erst einmal, dass man meist keine lange Anfahrt hat, wenn man in Deutschland bleibt. Fährt man zum Beispiel nach Schweden, muss man viele Stunden im Auto sitzen. Das ist oft sehr langweilig. Vor allem wenn dann auch noch der Akku des Handys leer ist. Außerdem gibt es sicher auch in Deutschland viele Ecken zu entdecken, die man noch nicht kennt. Wir haben schöne Schlösser, tolle Seen und natürlich auch das Meer. Und es gibt keine Sprachbarriere, wenn man das eigene Land nicht verlässt.
Gegen einen Urlaub in Deutschland spricht, dass es oft teuer ist. Hotels und Restaurantbesuche kosten hier sicher mehr als in einigen südlichen Ländern. Darüber hinaus kann man im Ausland endlich einmal andere Kulturen und Menschen kennenlernen. Wenn man nach Italien oder Griechenland fährt, kann man antike Stätten besichtigen. Es ist auch toll, einmal anderes Essen zu probieren. Am meisten gegen einen Urlaub in Deutschland spricht jedoch das Wetter. Bei uns gibt es leider keine Garantie für Sonne. Hier regnet es auch im Sommer oft. Da bekommt man schlechte Laune, weil man nicht mal draußen Fußball spielen oder Rad fahren kann. Fährt man hingegen nach Italien oder Spanien, kann man sicher sein, dass man auf jeden Fall einen Urlaub mit schönem Wetter hat und immer im Meer oder im Pool schwimmen kann.

Schritt 1 Überblick verschaffen

1 Ergänze den Satz.

In Maltes Aufsatz geht es darum, ob man den Urlaub in Deutschland verbringen soll oder nicht.

Schritt 2 Unbekannte Wörter klären

2 Was bedeutet das Wort „Barriere“? Schlage nach. Kreuze dann an.

☒ Hindernis ☐ Übung ☐ Vereinfachung ☐ kleine Bar

Schritt 3 Worum geht es genau?

3 Trage zu jedem Abschnitt die entsprechenden Zeilenangaben und die passenden Wörter ein.

Abschnitt 1: Zeile 3–5: Einleitung zum Thema
Abschnitt 2: Zeile 6 – 13 : Argumente dafür
Abschnitt 3: Zeile 14 – Ende: Argumente dagegen

Schritt 4 Mit dem Text arbeiten

4 Unterstreiche die Argumente für einen Urlaub in Deutschland grün und die Argumente gegen einen Urlaub in Deutschland rot.

5 Streiche die falschen Aussagen.

Nach der Einleitung folgen ~~zunächst Argumente, die für einen Urlaub in Deutschland sprechen, dann die~~ Gegenargumente und danach ein Schlussteil.

Bei der Aufzählung seiner Gegenargumente nennt Malte zum Schluss sein stärkstes Argument.

Er sieht es als einen Vorteil, dass man bei einem Urlaub in Deutschland keine Probleme mit der Sprache hat.

Malte ist der Ansicht, dass das Wetter ein ausschlaggebender Punkt ist, seinen Urlaub nicht in Deutschland zu verbringen.

Du hast ___ von 13 Antworten richtig.

Lese-Bonbon

Postkarten aus aller Welt

1 Finde heraus, wer seine Karte wann bekommt, woher die Karte kommt und wer sie geschrieben hat.

	Malte	Zarah
Karte aus:	Las Vegas	Thailand
Karte von:	Onkel Peter	Tante Klara
Karte kam:	Montag	Freitag

	Leni	Umut	Hanna
Karte aus:	Neuseeland	Salzburg	Südafrika
Karte von:	Karl	Sina	Oma Elli
Karte kam:	Mittwoch	Donnerstag	Dienstag

Leni, Umut, Malte, Hanna und Zarah erhalten Postkarten. Von Montag bis Freitag bekommt jeder eine Karte, jeder an einem anderen Tag. Onkel Peter hat eine Postkarte aus Las Vegas geschickt. Die Karte von Karl kommt einen Tag nach der Karte von Oma Elli und einen Tag vor Sinas Karte an. Die Karte aus Thailand ist die letzte Karte, die eintrifft. Sina hat ihre Karte am Montag aus Salzburg losgeschickt. Drei Tage später erreicht ihre Karte den Empfänger. Tante Klaras Karte landet am Freitag in Zarahs Briefkasten. Karl war in seinen Ferien in Neuseeland, während Oma Elli eine Reise nach Südafrika unternommen hat. Umut bekommt Post von einer weiblichen Absenderin, allerdings ist es nicht Oma Elli. Malte erhält weder Post aus Neuseeland noch aus Südafrika. Hannas Karte trifft am Dienstag bei ihr ein.

55

56

57

58

59

Fit im Lesen 1

Fit im Lesen 2

60

61

64

Fit im Lesen 3

Fit im Lesen 4

Die runden Sticker sind keine Sticker fürs Wimmelbild. Benutze sie, wie du möchtest.

Mit diesem Heft übt:

____

kurz|gut|silbiert – leichter lesen mit Silben

Lesetexte ab Klasse 5

Jeder Band enthält mehrere abgeschlossene, spannende Kurzgeschichten, die sich immer um ein Thema drehen. Die Länge der Texte und das sprachliche Niveau sind so gestaltet, dass selbst schwache Leserinnen und Leser nicht überfordert werden.

Außerdem sind Multiple-Choice-Fragen zu jeder Geschichte enthalten, die das Leseverständnis abfragen. Passende Sachtexte zu den Geschichten machen jeden Band aus der Lesebuchreihe „kurz|gut|silbiert" einfach zu einer runden Sache.

kurz|gut|silbiert

Band 1: Tierische Helden – 128 Seiten, vierf., FeEbd, 15,2 x 21,5 cm
ISBN 978-3-619-05430-5

Band 2: Coole Freundschaften – 120 Seiten, vierf., FeEbd, 15,2 x 21,5 cm
ISBN 978-3-619-05431-2

Band 3: Unglaublich und fabelhaft – 120 Seiten, vierf., FeEbd, 15,2 x 21,5 cm
ISBN 978-3-619-05432-9

www.mildenberger-verlag.de/631

Buch+

Lesetexte für leseungeübte Schülerinnen und Schüler ab Klasse 5

Die Bücher der Reihe „Buch+" erreichen die Schüler über starke Themen, die in gut geschriebenen Texten präsentiert werden.

Jeder Band enthält mehrere unabhängige Texte zum selben Thema.

Merkmale der Reihe:
- gut lesbare Schrift, Silbierung, zielgruppengerechtes Layout
- einfache Sprache, kurze Kapitel
- zahlreiche auflockernde visuelle Elemente (Fotos, Illustrationen, Schaubilder)

Buch+

Highway to Hamburg – 128 S., vierf., Br, 15,2 x 21,5 cm
ISBN 978-3-619-05420-6

Zack und die Sache mit Benni – 128 S., vierf., Br, 15,2 x 21,5 cm
ISBN 978-3-619-05422-0

www.mildenberger-verlag.de/630

Lesetexte mit Silbentrenner

SuperStars – Sachtexte

SuperStars sind interessante Sachtexte für Klasse 2 bis 6. Egal ob historische Themen wie „Spartacus, der Gladiator" oder technische Hintergründe wie in „Spezialeffekte im Film": Die Texte sind immer spannend, kindgerecht und mit tollen Bildern ergänzt. Die ansprechend aufbereiteten Sachthemen können für viele Kinder eine neue Motivation zum Lesen sein. Mit dem farbigen Silbentrenner können SuperStars von Klasse 2 für leistungsstarke, bis Klasse 6 für leistungsschwächere Kinder eingesetzt werden.

SuperStars – Sachtexte
16,7 x 22,8 cm, vierf., Br

Erneuerbare Energien, 32 S.	ISBN 978-3-619-24247-4
Warum gibt es Erdbeben?, 32 S.	ISBN 978-3-619-24248-1
Wie Flugzeuge fliegen, 32 S.	ISBN 978-3-619-24249-8
Wie unser Gehirn funktioniert, 32 S.	ISBN 978-3-619-24227-6
Erik der Rote, 32 S.	ISBN 978-3-619-24228-3
Spinnen auf der Spur, 32 S.	ISBN 978-3-619-24229-0

www.mildenberger-verlag.de/545

Schritt 1 Überblick verschaffen

1 Ergänze den Satz.

In der Tabelle geht es um ______________________________

______________________________.

2 Im Text geht es um ______________________________

____

______________________________.

Schritt 2 Unbekannte Wörter klären

3 Was ist ein „Quotient“? Schlage nach. Trage dann ein.

____

____

4 Was ist das Death Valley? Unterstreiche im Text blau. Trage dann ein.

____

Schritt 3 Worum geht es genau?

5 Der Text lässt sich in 3 grobe Abschnitte einteilen. Finde die Abschnitte und trage die entsprechenden Zeilennummern ein.

Abschnitt 1: Zeile ______ bis Zeile ______

Abschnitt 2: Zeile ______ bis Zeile ______

Abschnitt 3: Zeile ______ bis Zeile ______

6 Beschreibe den Inhalt jedes Abschnitts mit Stichwörtern. Trage ein.

Abschnitt 1: ______________________________

____

____

____

Abschnitt 2: ______________________________

Abschnitt 3: ______________________________

Schritt 4 Mit dem Text / der Tabelle arbeiten

7 Kreuze die richtigen Aussagen bezüglich der Tabelle an.

☐ Obwohl Indien flächenmäßig nur das fünftgrößte Land der Liste ist, hat es die zweitgrößte Einwohnerzahl.

☐ Die Fläche der USA ist kleiner als die von Russland.

☐ Russland ist zwar das flächenmäßig größte Land, bei der Anzahl der Bevölkerung liegt das Land jedoch ganz hinten.

☐ Die Bevölkerungsdichte in Indien ist viel höher als in Kanada.

☐ China gehört – was Fläche und Einwohnerzahl angeht – zu den Top 3.

8 Die Bevölkerungsdichte von Kanada beträgt 3,69.
Was sagt diese Zahl aus? Kreuze an.

☐ Auf 3,69 Quadratkilometer kommt in Kanada ein Einwohner.

☐ In Kanada wohnen 3,69 Mio. Menschen.

☐ Auf einen Quadratkilometer kommen in Kanada 3,69 Einwohner.

9 Berechne die Bevölkerungsdichte von Russland.
Kreuze dann an.

☐ 250 ☐ 0,085 ☐ 8,5 ☐ 8500

10 Wo liegt der Staat der Vatikanstadt? Trage ein.

____

11 Wie viele Einwohner gibt es im Staat der Vatikanstadt? Kreuze an.

☐ 0,44 ☐ 61 ☐ 900 ☐ 989 ☐ 2045

12 Wie viele Einwohner gibt es in der Mongolei? Kreuze an.

☐ 2 ☐ Diese Information gibt der Text nicht.

13 Warum ist es im Death Valley so heiß? Trage ein.

____

14 Unterstreiche alle Temperaturrekorde der Erde im Text rot. Trage dann ein.

Death Valley: ______________________________

Oimjakon: ______________________________

Antarktis: ______________________________

15 Wo liegt Oimjakon? Trage ein.

____

16 Der Kälterekord von Oimjakon ist über 20 Grad wärmer als der in der Antarktis. Warum hält Oimjakon trotzdem einen Rekord? Trage ein.

____

____

____

____

Wo Arepas auf Sushi treffen

Büddelstadt – Ganz Büddelstadt verwandelte sich am letzten Wochenende in eine riesige internationale Schlemmermeile. Frei nach dem Motto „In 80 Töpfen um die Welt“ fand bei allerschönstem Frühlingswetter von Freitagmittag bis Sonntagabend das erste Büddelstädter Streetfood-Festival im gesamten Innenstadtbereich statt. Koreanische Bowls, Sushi, malaysische Laksa-Nudelsuppe, Burger, osteuropäische Pierogi und vieles mehr konnte an zahlreichen, trendigen Food-Trucks und mobilen Garküchen probiert werden.

Streetfood hat, wie man schnell merkte, nichts mit einfachen Imbissbuden und Fertiggerichten zu tun, sondern vielmehr mit der frischen Zubereitung von raffinierten Speisen. Was in anderen Ländern schon lange Trend ist, etabliert sich langsam auch in Deutschland.

Die Besucherzahlen sprechen für sich. Hunderte hungrige Gäste strömten in die Innenstadt. Dabei konnten sie sich nicht nur an den kulinarischen Genüssen erfreuen, sondern auch den Zubereitungsprozess an vielen Ständen live mitverfolgen. Wie zum Beispiel bei Phillipe Estevas, der an seinem Food-Truck venezolanische Arepas – kleine Maisfladen – herstellte, frittierte, mit Hähnchen, Käse, schwarzen Bohnen und Tomaten füllte und dazu karamellisierte Backbananen als Beilage servierte.

Allerdings hatte die frische Zubereitung auch ihre Schattenseiten, was die Besucher oft in Form von langen Warteschlangen zu spüren bekamen. Dennoch waren Gäste und Veranstalter unterm Strich begeistert.

„Mit so einer großen Resonanz haben wir gar nicht gerechnet. Sicher lag es auch am guten Wetter. Wir werden das Event auf jeden Fall wiederholen. Dann wahrscheinlich mit noch mehr Ständen, damit niemand so lange warten muss“, teilte Organisator Peter Schmeken am Sonntagabend mit.

Schritt 1 Überblick verschaffen

1 Ergänze den Satz.

In diesem ______________________ geht es um das ________________

____.

Schritt 2 Unbekannte Wörter klären

2 Was bedeutet das Wort „etablieren“? Schlage nach. Trage dann ein.

____

3 Was bedeutet das Wort „Resonanz“? Schlage nach. Kreuze dann an.

☐ Sonnenschein ☐ Anklang ☐ Gedränge ☐ Gewinn

4 Was sind „Arepas“? Trage ein.

____

Schritt 3 Worum geht es genau?

5 Der Artikel kann in 4 große Abschnitte eingeteilt werden. Abschnitt 1 geht von Zeile 1 bis Zeile 17. Trage die Informationen daraus ein.

Was fand statt? ______________________________

Wann? ______________________________

____

Wo? ______________________________

____

Wie? ______________________________

____

6 Finde Stichwörter zu den folgenden Abschnitten:

Zeile 18–26: ______________________________

Zeile 27–42: ______________________________

____

Zeile 43–49: ______________________________

Zeile 50–59: ______________________________

Schritt 4 Mit dem Text arbeiten

7 Was erfahren wir über das Wetter während des Streetfood-Festivals? Trage ein.

____

8 Zum wievielten Mal fand das Streetfood-Festival in Büddelstadt statt? Trage ein.

____

9 Wie viele Food-Trucks und Stände gab es? Kreuze an.

☐ 25 ☐ 80 ☐ Eine genaue Zahl wird nicht genannt.

10 Unterstreiche zunächst alle Gerichte, die im Text erwähnt werden, blau.

11 Kreise nun alle erwähnten Gerichte ein.

Sushi	Döner	Pommes
Burger	Pierogi	Crêpes
Ciabatta	Arepas	Laksa-Suppe
Currywurst	Koreanische Bowls	

12 Wie erklärt der Bericht Streetfood? Kreuze an.

- [ ] Streetfood heißt, dass man an einfachen Imbissbuden raffinierte Fertiggerichte probieren kann.
- [ ] Streetfood bedeutet, dass man an Food-Trucks und mobilen Garküchen internationale Fertiggerichte probieren kann.
- [ ] Streetfood steht für das Gegenteil von einfachen Imbissbuden und Fertiggerichten.
- [ ] Streetfood bedeutet, dass raffinierte Gerichte an Food-Trucks oder mobilen Garküchen frisch zubereitet werden.

13 Welchen Kritikpunkt gab es am Streetfood-Festival? Trage ein.

____

____

14 Welche W-Fragen werden im Bericht nicht beantwortet? Streiche durch.

Wie viele Besucher gab es beim Festival?
Wie waren die Preise für die Gerichte?
Womit wurden die Arepas gefüllt?
Wie zufrieden waren die Besucher?
Wer ist Peter Schmeken?
Was macht der Organisator für den Erfolg mitverantwortlich?

15 Welche Arbeitsschritte zeigte Phillipe Esteva? Kreise ein.

Herstellung von Arepas-Fladen

Frittieren von Hähnchenfleisch

Karamellisieren von Bohnen

Füllen von Arepas

16 Welche Verbesserungsvorschläge macht der Organisator? Trage ein.

____

____

Giganten im Hafen (Teil 1)

Zarah freut sich riesig, denn heute ist sie mit ihrer Tante unterwegs in Hamburg, um eine Containerhafen-Besichtigung zu machen. Bisher hat Zarah die riesigen Kräne und Containerschiffe nur aus der Ferne gesehen. Heute darf sie die Giganten, die sie schon immer fasziniert haben, endlich von Nahem betrachten.

Mit dem Bus geht es von der HafenCity los direkt zum Containerhafen. Da der Bus eine Sondergenehmigung hat, darf er auch in Bereiche fahren, in denen üblicherweise keine Besucher zugelassen sind.

Zarah sieht schon von Weitem, dass dort im Hafen ein Containerriese angelegt hat. Das Schiff, das aus Shanghai kommt, ist über 300 m lang. Die Tourleiterin erzählt, dass der Ozeanriese rund 6000 Container geladen hat, von denen jeder einzelne bis zu 30 Tonnen schwer sein kann.

„Und was befindet sich in den Containern?“, will Zarah wissen. „Alles Mögliche“, erklärt die Tourleiterin. „Zum Beispiel Lebensmittel, Möbel, Kleidung, technische Geräte, Spielsachen. Meist handelt es sich um Waren, die in China hergestellt und hier weiterverkauft werden. Hamburg ist übrigens der zweitgrößte Hafen Europas, was den Containerumschlag betrifft.“

Schritt 1 Überblick verschaffen

1 Ergänze den Satz.

In dieser Erzählung geht es um _______________, die _________________________

____.

Schritt 2 Unbekannte Wörter klären

2 Was ist der „Containerumschlag“? Schlage nach. Kreuze dann an.

- [ ] Ein großer Papierumschlag, der über den Container geworfen wird.
- [ ] Es beschreibt die Containermenge, die ein- und ausgelagert wird.
- [ ] So wird die Entladung von Containern genannt.

Schritt 3 Worum geht es genau?

3 Beschrifte die Klammern am Text. Trage stichpunktartig ein, worum es in dem jeweiligen Abschnitt geht.

Schritt 4 Mit dem Text arbeiten

4 Warum freut sich Zarah? Trage stichpunktartig ein.

____

____

5 Was erfahren wir über das Containerschiff im Hafen? Unterstreiche blau.

6 Was befindet sich laut Tourleiterin in den Containern? Kreuze an.

- [ ] Sie sagt, dass alles Mögliche in den Containern sein kann.
- [ ] Sie sagt, dass es sich oft um Waren handelt, die weiterverkauft werden.
- [ ] In den Containern können sich z. B. Lebensmittel, Spielsachen und technische Geräte befinden.

Giganten im Hafen (Teil 2)

Das Schiff ist bereits am Poller vertäut und wird gerade entladen. In der Fachsprache sagt man dazu, dass die Waren gelöscht werden. Der Bus hält direkt neben einer Containerbrücke, einem riesigen, fast 40 m hohen, fahrbaren Kran, der die Container nun ablädt.

Der Kranfahrer sitzt hoch oben in einer schwebenden Kabine und erhält Informationen von einem Deckanweiser, der ihm vom Schiff aus mitteilt, welche Container entladen werden müssen. Mit einem Joystick steuert der Kranfahrer mit dem Spreader auf den richtigen Container zu. Der Spreader ist eine Greifvorrichtung, mit der er den Container greifen und schließlich hochheben kann. Der Fahrer transportiert nun den passenden Container vom Schiff und stellt ihn am Kai ab, von wo aus ihn ein über 12 m hoher Portalhubwagen, der sogenannte Van-Carrier, aufnimmt und zu einem Lagerplatz bringt.

„Faszinierend", denkt Zarah. Gegen all diese gigantischen Maschinen kommt sie sich richtig winzig vor.

Schritt 1 Überblick verschaffen

7 Ergänze den Satz.

In diesem Text wird beschrieben, wie ______________________________

______________________________.

Schritt 2 Unbekannte Wörter klären

8 Was ist die „Containerbrücke“? Unterstreiche im Text blau.
Trage dann ein.

____

Schritt 3 Worum geht es genau?

9 Beschrifte die Klammern am Text. Trage stichpunktartig ein, worum es in dem jeweiligen Abschnitt geht.

Schritt 4 Mit dem Text arbeiten

10 Notiere die einzelnen Arbeitsschritte der Containerlöschung in der richtigen zeitlichen Reihenfolge.

1. ______________________________
2. ______________________________
3. ______________________________
4. ______________________________
5. ______________________________
6. ______________________________

11 Wobei handelt es sich um ein Fahrzeug? Kreuze an.

☐ Spreader ☐ Van-Carrier

Die Mutter aller Straßen

Die Route 66, eine der bekanntesten Straßen der USA, ist ein Synonym für Abenteuer und Freiheit.

Einst schlängelte sich der legendäre Highway fast 4000 km einmal komplett von Ost nach West durch das Land der unbegrenzten Möglichkeiten. Heute existiert die 1926 angelegte Straße in ihrer ursprünglichen Form allerdings nicht mehr. Damals, in den 1980er-Jahren, wurden Interstate Highways, die unseren Autobahnen ähneln, gebaut, um den immer dichter werdenden Verkehr auf der Route 66 zu entlasten. Danach verlor die Route 66 zunehmend an Bedeutung, wurde nicht mehr ausgebessert, verfiel zum Teil sogar. Einige Zeit später wurde die sogenannte „Mutter aller Straßen" jedoch partiell wieder instand gesetzt, weil Touristen ein großes Interesse hatten, die ursprüngliche Strecke abzufahren.

Kein Wunder: Eine Fahrt auf der legendären Straße ist ein echtes Erlebnis, Abenteuer pur. Auf dem Weg durch das Herz Amerikas kann man nämlich alle Facetten des weitläufigen Landes kennenlernen. Neben Wolkenkratzern in Chicago führt die Straße vorbei an kleineren Städten, Kornfeldern, alten Westernstädten, Indianerreservaten, verfallenen Motels und einsamen Truck-Stops. Sehenswert ist auf jeden Fall auch die Painted Desert, eine Wüstenregion in Arizona. Die rundlichen Felsen, die in verschieden geschichteten Farbkombinationen erscheinen, sind einmalig. Auch der Grand Canyon ist nicht weit und wirklich einen Abstecher wert.

Schritt 1 Überblick verschaffen

1 Ergänze den Satz.

In diesem ________________ geht es um ______________________________

____.

15 min

Schritt 2 Unbekannte Wörter klären

2 Was bedeutet das Wort „partiell“? Schlage nach. Trage dann ein.

____

Schritt 3 Worum geht es genau?

3 Der Text ist in 3 Abschnitte unterteilt. Finde Stichwörter zu jedem Abschnitt.

Abschnitt 1 (Zeile 1–3): ______________________

Abschnitt 2 (Zeile 4–14): ______________________

Abschnitt 3 (Zeile 15–24): ______________________

Schritt 4 Mit dem Text arbeiten

4 Wann wurde die Route 66 angelegt? Trage ein: ______________

5 Unterstreiche blau, an welchen Besonderheiten die Route 66 vorbeiführt.

6 Streiche alle falschen Aussagen.

Die Route 66 ist so bekannt, weil sie mit ihren 4000 km die längste Straße der Welt ist.

Die Route 66 existiert in ihrer ursprünglichen Form heute nicht mehr, da sie in den 1980er-Jahren an Bedeutung verlor und dann zum Teil verfiel.

Die Route 66 ermöglicht, Amerikas ganze Vielfalt kennenzulernen, wie zum Beispiel Indianerreservate, Großstädte wie Chicago oder Wüstenregionen.

Bei der Painted Desert handelt es sich um eine verlassene Westernstadt in Arizona.

Du hast ____ von 17 Antworten richtig.

Sicher gebaut

Auf der Erde gibt es eigentlich ständig Erdbeben. Meist sind es kleinere Erschütterungen, aber auch ca. 1500 Beben der Stärke 5 oder mehr werden jährlich weltweit verzeichnet.

Die Gefahr für den Menschen geht dabei insbesondere von einstürzenden Gebäuden aus. Deshalb haben sich einige Ingenieure extra darauf spezialisiert, Gebäude zu konstruieren, die einem Erdbeben standhalten können. Man hat herausgefunden, dass eine massive Bauweise eher hinderlich ist. Wände bekommen Risse und das Haus stürzt schneller ein, wenn das Material starr und absolut unbeweglich ist. Architekten bauen heute in Erdbebenregionen gern mit duktiler Bauweise. Das bedeutet, dass sich das Material, das zum Bau verwendet wird, unter Belastung (wie es bei einem Erdbeben der Fall ist) in gewisser Weise leicht verformen kann.

Eine weitere Möglichkeit zur Vermeidung von immensen Schäden ist, das Gebäude vom Erdboden zu trennen. Man kann unter das Haus eine Gleitschicht aus Gummi und Stahl setzen. Diese Isolierschicht dient im Katastrophenfall als Dämpfer. Die Bewegungen der Erde werden bei einem Beben dadurch nur in geschwächter Form an das Haus weitergegeben.

Um speziell Hochhäuser erdbebensicher zu machen, gibt es besondere Konstruktionen. Ingenieure haben hierfür beispielsweise Schwingungsdämpfer entwickelt. Ein Schwingungsdämpfer ist eine Art Pendel, an dem eine tonnenschwere Kugel hängt. Das ganze Konstrukt wird in den obersten Stockwerken des Gebäudes befestigt. Bewegt sich das Hochhaus aufgrund eines Erdbebens oder eines starken Windes nun hin und her, schwingt die Pendelkugel automatisch in die entgegengesetzte Richtung. Die Folge ist, dass der Wolkenkratzer aufgrund dieser Ausgleichsbewegung nicht so stark schwankt und besser im Gleichgewicht bleibt.
Ein solcher Schwingungsdämpfer wurde zum Beispiel in Taiwan beim „Taipeh 101“, einem der größten Gebäude der Welt, eingebaut. Seine Kugel ist 660 Tonnen schwer.

Schritt 1 Überblick verschaffen

1 Ergänze den Satz.

In diesem ________________ geht es um ______________________________

____________________________________.

Schritt 2 Unbekannte Wörter klären

2 Was bedeutet das Wort „konstruieren“? Schlage nach. Kreuze dann an.

☐ verbessern ☐ verändern ☐ herstellen/bauen ☐ zerstören

3 Was bedeutet „duktile Bauweise“? Unterstreiche im Text blau.

4 Was ist ein „Schwingungsdämpfer“? Unterstreiche im Text blau.
Trage dann ein.

____

Schritt 3 Worum geht es genau?

5 Trage zu jedem Abschnitt des Textes die entsprechenden Zeilenangaben ein und gib den Abschnitten Überschriften.

Abschnitt 1: Zeile 1–3: Einleitung, Allgemeines über Erdbeben

Abschnitt 2: Zeile _____ – _____: ______________________________

____

Abschnitt 3: Zeile _____ – _____: ______________________________

____

Abschnitt 4: Zeile _____ – _____: ______________________________

____

Schritt 4 Mit dem Text arbeiten

6 Wie viele Erdbeben gibt es jährlich? Kreuze an.

- [ ] 5
- [ ] Es gibt 1500 Beben der Stärke 5 und höher.
- [ ] 660
- [ ] Es gibt permanent kleinere Beben.

7 Was ist laut Text das Gefährliche an einem Erdbeben? Trage ein.

____

8 Ist die massive Bauweise in Bezug auf erdbebensicheres Bauen eher gut oder schlecht? Trage ein und begründe.

____

____

____

9 Welchen Vorteil bietet die duktile Bauweise? Kreuze an.

- [ ] Da sich bei dieser Bauweise das Material nicht verformen lässt, ist es sicherer, wenn die Erde bebt.
- [ ] Da sich das Material leicht verformen kann, ist es nicht so starr und somit nicht so anfällig für Risse.
- [ ] Häuser, die in duktiler Bauweise erbaut wurden, verfügen über eine Gleitschicht aus Gummi.

10 Neben der duktilen Bauweise nennt der Text eine weitere Möglichkeit, normale Häuser erdbebensicherer zu machen. Welche? Trage ein.

____

____

____

11 Wie schützt die Gleitschicht aus Gummi und Stahl vor Erdbeben? Trage ein.

____

____

____

12 Wie können Hochhäuser laut Text erdbebensicher gemacht werden? Kreuze an.

- ☐ Mit Pendeldämpfern
- ☐ Mit Schwingungsdämpfern
- ☐ Mit Querverstrebungen
- ☐ Mit speziellen Stützpfeilern
- ☐ Mit Spezialverglasungen

13 Wo wird ein Schwingungsdämpfer angebracht? Trage ein.

____

14 Welche Aussagen zum Schwingungsdämpfer sind richtig? Kreuze an.

- ☐ Wenn sich ein Hochhaus bewegt, pendelt die Kugel des Schwingungsdämpfers in die gleiche Richtung und sorgt so für zusätzliche Stabilität.
- ☐ Durch Schwingungsdämpfer in Hochhäusern können Erdbeben der Stärke 5 oder mehr verhindert werden.
- ☐ Da die Pendelkugel für eine ausgleichende Bewegung sorgt, schwankt der Wolkenkratzer bei Beben oder starkem Wind nicht so stark hin und her.
- ☐ Die Pendelkugel eines Schwingungsdämpfers kann tonnenschwer sein.
- ☐ Im „Taipeh 101“ ist solch ein Schwingungsdämpfer mit einer 660 t schweren Pendelkugel eingebaut.

FERIENFREIZEIT IN DER EWIGEN STADT

für Kinder und Jugendliche zwischen 12 und 16 Jahren, organisiert und durchgeführt von der Stadt Offenbach

Leistungen:
- Fahrt im modernen, klimatisierten Fernreisebus
- Übernachtung in 4- bis 6-Personenzelten
- Vollverpflegung
- Wochenticket für die öffentlichen Verkehrsmittel
- Stadtführung und Lichterfahrt

Reisetermine: 15. bis 22. Juli oder 5. bis 12. August

Hast du Lust auf Spiel, Spaß, Sport, aber auch auf Kultur? Dieses Jahr bietet die Stadt Offenbach wieder eine Fahrt für Kinder und Jugendliche in die Weltstadt Rom an. Der moderne Campingplatz mit Supermarkt, Volley- und Fußballplatz, der auch Tennis, Minigolf und Internet gegen Gebühr anbietet, liegt am Rande des Stadtzentrums schattig unter Pinienbäumen.

Von dort aus sind alle Sehenswürdigkeiten, aber auch der nahe gelegene Strand, zeitnah zu erreichen.

Wir bieten eine Stadtführung, eine Stadtrundfahrt durch das nächtliche Rom und Ausflüge zu den zahlreichen Sehenswürdigkeiten wie dem Kolosseum, dem Petersdom, der Spanischen Treppe oder dem Trevi-Brunnen an. Du hast aber auch die Möglichkeit, die Stadt mit ihren vielen Einkaufsmöglichkeiten auf eigene Faust in kleineren Gruppen zu erkunden oder einfach einen ruhigen Tag am Strand zu verbringen.

Für Sport und Freizeitaktivitäten gibt es abwechslungsreiche Angebote direkt auf dem Campingplatz.

Die Vollverpflegung besteht aus einem Frühstücksbüfett, Lunchpaket und warmen Abendessen. Täglich um 22.30 Uhr gibt es noch einen Nachtsnack. Natürlich haben wir auch spezielle Verpflegungsangebote für Vegetarier.

Schritt 1 Überblick verschaffen

1 Kreuze an. Bei diesem Text handelt es sich um

☐ einen Reisebericht. ☐ ein Reiseangebot. ☐ Reiseunterlagen.

2 Ergänze den Satz.

In diesem Text geht es um ________________________________

für ________________________________ nach ________________.

Schritt 2 Unbekannte Wörter klären

3 Was bedeutet das Wort „klimatisiert"? Schlage nach. Trage dann ein.

____

4 Was ist Kultur? Schlage nach.
Verbinde dann mit dem richtigen Satzende.

	ist, was der Mensch gestaltend hervorbringt (z. B. in der bildenden Kunst).
Kultur	bedeutet, eine Reise durch ein anderes Land zu machen.
	ist ein altes Wort für „entspannen".

5 Was ist ein Büfett? Schlage nach.
Streiche dann die falschen Aussagen.

Bei einem Büfett werden die Speisen am Tisch von einem Kellner serviert.

Bei einem Büfett werden die Speisen auf einem separaten Tisch aufgestellt, sodass man sich selbst bedienen kann.

Bei einem Büfett werden die Speisen der Reihe nach an den Gästen vorbeigetragen, sodass man sich selbst bedienen kann.

Schritt 3 Worum geht es genau?

6 Beantworte die Fragen stichpunktartig.

Wer veranstaltet die Reise? ______________________________

Welches Mindestalter müssen die Reisenden haben? ______________________________

Wie erfolgt die Anreise? ______________________________

Wo schlafen die Reisenden? ______________________________

Wie lange dauert die Reise? ______________________________

Welche Aktivitäten werden angeboten? ______________________________

____

____

Schritt 4 Mit dem Text arbeiten

7 Trage folgende Wörter richtig in die Tabelle ein:

Restaurant Supermarkt Bistro Fußballplatz Volleyballplatz
Poolanlage Tennis Tischtennis Internet Spielplatz

Auf dem Campingplatz

Vorhanden	Nicht vorhanden

8 Kreise in der Tabelle alle Dinge ein, die man auf dem Campingplatz kostenfrei nutzen kann.

9 Welche Sehenswürdigkeiten von Rom werden im Text erwähnt? Schreibe heraus.

____

____

10 Kreuze alle richtigen Aussagen an.

- ☐ Die Stadt Offenbach führt diese Romreise zum ersten Mal durch.
- ☐ Im Reisepreis sind nicht nur die Anreise, die Unterbringung und eine Vollverpflegung enthalten, sondern auch eine Stadtführung und eine Lichterfahrt durch das nächtliche Rom.
- ☐ Neben der Besichtigung der Sehenswürdigkeiten haben die Reiseteilnehmer auch die Möglichkeit, einen Einkaufsbummel in Rom zu machen.
- ☐ Die Jugendlichen, die sich für die Romreise interessieren, haben drei Reisetermine zur Auswahl.
- ☐ In jedem Zelt sind mindestens vier Reiseteilnehmer untergebracht.
- ☐ Die Kinder und Jugendlichen haben unter anderem die Möglichkeit, an den Strand zu fahren.

11 Streiche die Fragen durch, auf die der Text keine Antworten gibt.

Wie teuer ist der Eintritt zu den Sehenswürdigkeiten?

Aus wie vielen Personen bestehen die Kleingruppen, mit denen die Kinder und Jugendlichen allein in die Stadt gehen dürfen?

Wie lange dauert die Anreise?

Aus wie vielen Mahlzeiten besteht die Vollverpflegung?

Aus welchen Mahlzeiten besteht die Vollverpflegung?

Wann gibt es Frühstück?

Mango-Lassi (Teil 1)

Zarah liebt indisches Essen und indische Getränke. Heute möchte sie mit Hanna das typisch indische Joghurtgetränk Mango-Lassi selbst herstellen.

Für das Getränk benötigen sie eine reife Mango. Bevor die beiden einkaufen gehen, erklärt Zarahs Mutter noch, woran man erkennt, dass eine Mango reif ist. „Achtet darauf, dass die Frucht nicht mehr ganz so hart ist. Wenn ihr vorsichtig auf die Schale drückt, gibt sie leicht nach. Außerdem duftet eine reife Mango intensiv. An der Farbe kann man den Reifegrad der Mango übrigens nicht erkennen, denn es gibt ganz unterschiedliche Sorten, die alle verschiedene Farben haben können."

Nachdem Zarah und Hanna im Supermarkt eine passende Mango gefunden haben, kaufen sie noch Naturjoghurt und eine Zitrone ein. Alle anderen Zutaten haben sie zu Hause.

Als sie vom Einkaufen zurückkommen, machen sich die beiden sofort an die Zubereitung. Zarah nimmt sich das Rezept und die beiden gehen genau nach Anweisung vor.

Schritt 1 Überblick verschaffen

1 Ergänze den Satz.

In Teil 1 des Textes geht es ______________________________

____

______________________________.

Schritt 2 Unbekannte Wörter klären

2 Was bedeutet das Wort „Reifegrad“? Schlage nach. Trage dann ein.

____

____

Schritt 3 Worum geht es genau?

3 Beschrifte die Klammern am Text. Trage stichpunktartig ein, worum es in dem jeweiligen Abschnitt geht.

Schritt 4 Mit dem Text arbeiten

4 Was ist Mango-Lassi? Trage ein.

____

5 Richtig oder falsch? Kreuze an.

	richtig	falsch
Zarah möchte mit Leni ein indonesisches Getränk herstellen.	☐	☐
Zarahs Mutter erklärt den Mädchen vor dem Einkaufen, wie sie eine reife Mango erkennen.	☐	☐
An der Farbe der Mango lässt sich nicht ablesen, wie reif die Frucht ist.	☐	☐
Die einzelnen Mangosorten kann man an ihrem Duft unterscheiden.	☐	☐
Alle Zutaten für den Mango-Lassi werden bereits in Teil 1 des Textes erwähnt.	☐	☐

Mango-Lassi (Teil 2)

Rezept:

1 reife Mango, 150 g Naturjoghurt, 150 ml Milch, ein EL brauner Rohrzucker, eine Prise Zimt, 1 Spritzer Zitronensaft

____

____

Nimm die Mango, schäle sie mit dem Sparschäler und tranchiere sie anschließend. Schneide dazu von allen Seiten mit einem scharfen Messer dicke Scheiben ab. Bleibe dabei möglichst nah am großen, flachen Kern, der in der Mitte der Mango liegt. Schneide so viel Fruchtfleisch ab, bis zum Schluss nicht mehr viel mehr übrig bleibt als der Kern.

____

____

____

____

Gib das Fruchtfleisch der Mango mit dem Joghurt, der Milch, dem Zucker, Zimt und Zitronensaft in einen Standmixer und mixe alles gut durch. Wenn der Lassi dann noch zu dickflüssig ist, füge etwas Wasser hinzu.

____

____

____

Schritt 1 Überblick verschaffen

1 Ergänze den Satz.

In diesem ____________ geht es darum, wie man ____________________

____.

Schritt 2 Unbekannte Wörter klären

2 Was bedeutet das Wort „tranchieren“? Schlage nach. Kreuze dann an.

☐ schälen ☐ zerlegen ☐ kochen ☐ dünsten ☐ pürieren

Schritt 3 Worum geht es genau?

3 Beschrifte die Klammern am Text. Trage stichpunktartig ein, worum es in dem jeweiligen Abschnitt geht.

Schritt 4 Mit dem Text arbeiten

4 Vergleiche mit Teil 1 des Textes. Welche Zutaten hatte Zarah zu Hause? Trage ein.

____

5 Welche Arbeitsschritte gehören zum Vorbereiten der Mango für den Lassi? Kreuze an.

☐ schälen ☐ heiß abspülen ☐ trockentupfen

☐ süßen ☐ Scheiben abschneiden ☐ kurz anrösten

6 Welche Arbeitswerkzeuge benötigt man für die Herstellung des Lassis? Trage ein.

____

7 Streiche die falschen Aussagen durch.

Für die Herstellung des Mango-Lassis wird ein Pürierstab benötigt.

Es wird so viel Fruchtfleisch von der Mango abgeschnitten, bis zum Schluss fast nur noch der Kern übrig bleibt.

Wasser ist eine Zutat, die in jedem Fall in den Lassi gehört.

Nachdem alle Zutaten gemixt wurden, schmeckt man noch mit Zitrone ab.

Wortschatzarbeit, Sinnabschnitte zusammenfassen, Textverständnis übertragen, Einzelinformationen entnehmen, Aussagen zum Text überprüfen

Der kleine Hobbit

Der Roman „Der kleine Hobbit“ von J.R.R. Tolkien handelt von Bilbo Beutlin, der sich mit dreizehn Zwergen auf den Weg macht, deren Schatz zurückzuerobern.

Der im Auenland lebende Hobbit Bilbo Beutlin wird eines Tages vom Zauberer Gandalf eingeladen, ihn und dreizehn Zwerge auf eine tollkühne Reise zu begleiten. Bilbo soll behilflich sein, den Schatz der Zwerge zurückzustehlen. Der wenig abenteuerlustige Hobbit lehnt das Angebot zunächst ab, überlegt es sich dann aber doch anders.

Zusammen machen sich die fünfzehn auf den Weg zum Berg Erebor, der die Heimat der Zwerge war, bis der Feuerdrache Smaug sie vertrieben hat, um an den dort liegenden Schatz zu gelangen. Auf der Reise nach Erebor muss sich die Gruppe Trollen stellen, vor Orks fliehen und verzauberte Wälder durchqueren. Im Gebirge findet Bilbo einen Zauberring, der unsichtbar machen kann.

Als die Gruppe endlich Erebor erreicht, schicken die Zwerge Bilbo los, zunächst den Arkenstein zu stehlen. Der Arkenstein ist ein wertvoller Edelstein, der demjenigen, der ihn findet, das Königsrecht über den Berg und somit auch über den Schatz verleiht. Bei seiner Suche weckt Bilbo jedoch den dort schlafenden Drachen Smaug auf. Der kleine Hobbit kann sich zwar mithilfe des Zauberrings unsichtbar machen und den Arkenstein schließlich stehlen, doch erzürnt er den Drachen. Smaug fliegt los und zerstört in seiner Wut eine nahe gelegene Seestadt, deren Einwohner er für den Diebstahl verantwortlich macht. Bei seinem Rachezug wird Smaug jedoch selbst getötet.

Da der Schatz im Berg nun unbewacht ist, wird er von verschiedenen Gruppen beansprucht. Nicht nur die Zwerge, auch Elben und Seemenschen fordern Teile des Schatzes ein. Während des Streits werden sie von einer Armee aus Orks und wilden Wölfen angegriffen. Elben, Menschen und Zwerge vereinen sich gegen die Feinde.

Nach ihrem Sieg wird der große Schatz schließlich gerecht geteilt und Bilbo Beutlin zieht, um einiges reicher und reifer als zuvor, vom Berg aus zurück ins Auenland.

Schritt 1 Überblick verschaffen

1 Ergänze den Satz.

In dieser Inhaltsangabe geht es um ________________________________

____

____.

Schritt 2 Unbekannte Wörter klären

2 Was bedeutet der Begriff „tollkühn“? Schlage nach. Kreuze dann an.

☐ lustig ☐ wagemutig ☐ lang ☐ beschwerlich ☐ teuer

Schritt 3 Worum geht es genau?

3 Unterstreiche im Text alle Informationen, die für die Handlung wichtig sind, rot.

4 Trage zu jedem Abschnitt die entsprechenden Zeilenangaben und die passenden Stichwörter ein.

Abschnitt 1: Zeile 1–3: Einleitungssatz, Zusammenfassung

Abschnitt 2: Zeile ______ – ______: ________________________________

Abschnitt 3: Zeile ______ – ______: ________________________________

____

Abschnitt 4: Zeile ______ – ______: ________________________________

____

Abschnitt 5: Zeile ______ – ______: ________________________________

Abschnitt 6: Zeile ______ – Ende: ________________________________

____

Schritt 4 Mit dem Text arbeiten

5 Verbinde richtig.

	war Heimat der Zwerge
Gandalf	ein Berg
Bilbo	ein Drache
Smaug	ein Hobbit
Erebor	ein Zauberer
	hat den Zwergen den Schatz weggenommen

6 Was erfahren wir in Zeile 4 bis 8 über den Hobbit? Trage ein.

____

____

7 Warum wird Bilbo Beutlin zur Reise eingeladen? Kreuze an.

- ☐ Weil er ein Hobbit ist.
- ☐ Er ist ein guter Kämpfer.
- ☐ Er ist sehr schlau.
- ☐ Nur Bilbo kennt den Weg.
- ☐ Er soll beim Stehlen des Zwergenschatzes behilflich sein.

8 Was ist der Zweck der Reise? Trage ein.

____

____

9 Was erfahren wir über Erebor? Trage ein.

____

____

____

10 Was passiert auf dem Weg nach Erebor? Kreuze an.

- [ ] Entführung durch Elben
- [ ] Wanderung durch verzauberte Wälder
- [ ] Auseinandersetzung mit Trollen
- [ ] Sturz in eine Schlucht
- [ ] Flucht vor Orks
- [ ] Kampf gegen Smaug

11 Was erfahren wir über den Arkenstein? Trage ein.

____

____.

12 Bringe die Ereignisse in die richtige zeitliche Reihenfolge. Nummeriere von 1 bis 15.

_____ Smaug zerstört die Seestadt.

_____ Bilbo lehnt die Reise ab.

_____ Smaug vertreibt Zwerge aus Erebor.

_____ Bilbo macht sich unsichtbar.

_____ Wilde Wölfe greifen Zwerge, Elben und Seemenschen an.

_____ Bilbo Beutlin kehrt nach Hause zurück.

_____ Der Schatz wird gerecht geteilt.

_____ Die Gruppe macht sich auf den Weg nach Erebor.

_____ Bilbo findet einen Ring, der unsichtbar machen kann.

_____ Smaug wacht auf.

_____ Bilbo stiehlt den Arkenstein.

_____ Die Reisegruppe erreicht Erebor.

_____ Bilbo bekommt das Angebot, an der Reise teilzunehmen.

_____ Die Reisegruppe muss sich einer Gruppe Trolle stellen.

_____ Elben, Zwerge und Seemenschen siegen gegen Orks und Wölfe.

Urlaub in Deutschland?

Als Hausaufgabe sollte Malte einen Aufsatz zum Thema „Soll man die Ferien in Deutschland verbringen?“ schreiben. Hier ist sein Text:

Kurz vor den Ferien überlegen viele Familien, wohin sie in den Urlaub fahren. Bleiben sie dieses Jahr in Deutschland, anstatt ins Ausland zu fahren? Einiges spricht dafür, einiges dagegen.
Dafür spricht erst einmal, dass man meist keine lange Anfahrt hat, wenn man in Deutschland bleibt. Fährt man zum Beispiel nach Schweden, muss man viele Stunden im Auto sitzen. Das ist oft sehr langweilig. Vor allem wenn dann auch noch der Akku des Handys leer ist. Außerdem gibt es sicher auch in Deutschland viele Ecken zu entdecken, die man noch nicht kennt. Wir haben schöne Schlösser, tolle Seen und natürlich auch das Meer. Und es gibt keine Sprachbarriere, wenn man das eigene Land nicht verlässt.
Gegen einen Urlaub in Deutschland spricht, dass es oft teuer ist. Hotels und Restaurantbesuche kosten hier sicher mehr als in einigen südlichen Ländern. Darüber hinaus kann man im Ausland endlich einmal andere Kulturen und Menschen kennenlernen. Wenn man nach Italien oder Griechenland fährt, kann man antike Stätten besichtigen. Es ist auch toll, einmal anderes Essen zu probieren. Am meisten gegen einen Urlaub in Deutschland spricht jedoch das Wetter. Bei uns gibt es leider keine Garantie für Sonne. Hier regnet es auch im Sommer oft. Da bekommt man schlechte Laune, weil man nicht mal draußen Fußball spielen oder Rad fahren kann. Fährt man hingegen nach Italien oder Spanien, kann man sicher sein, dass man auf jeden Fall einen Urlaub mit schönem Wetter hat und immer im Meer oder im Pool schwimmen kann.

Schritt 1 Überblick verschaffen

1 Ergänze den Satz.

In Maltes ______________ geht es darum, ______________________________

____.

15 min

Schritt 2 Unbekannte Wörter klären

2 Was bedeutet das Wort „Barriere“? Schlage nach. Kreuze dann an.

☐ Hindernis ☐ Übung ☐ Vereinfachung ☐ kleine Bar

Schritt 3 Worum geht es genau?

3 Trage zu jedem Abschnitt die entsprechenden Zeilenangaben und die passenden Wörter ein.

Abschnitt 1: Zeile 3–5: ______________________________

Abschnitt 2: Zeile _____ – _____ : ______________________________

Abschnitt 3: Zeile _____ – Ende : ______________________________

Schritt 4 Mit dem Text arbeiten

4 Unterstreiche die Argumente für einen Urlaub in Deutschland grün und die Argumente gegen einen Urlaub in Deutschland rot.

5 Streiche die falschen Aussagen.

Nach der Einleitung folgen zunächst Argumente, die für einen Urlaub in Deutschland sprechen, dann die Gegenargumente und danach ein Schlussteil.

Bei der Aufzählung seiner Gegenargumente nennt Malte zum Schluss sein stärkstes Argument.

Er sieht es als einen Vorteil, dass man bei einem Urlaub in Deutschland keine Probleme mit der Sprache hat.

Malte ist der Ansicht, dass das Wetter ein ausschlaggebender Punkt ist, seinen Urlaub nicht in Deutschland zu verbringen.

Du hast ____ von 13 Antworten richtig.

Postkarten aus aller Welt

1 Finde heraus, wer seine Karte wann bekommt, woher die Karte kommt und wer sie geschrieben hat.

	Malte 	Zarah 
Karte aus:	______________	______________
Karte von:	______________	______________
Karte kam:	______________	______________

	Leni 	Umut 	Hanna 
Karte aus:	______________	______________	______________
Karte von:	______________	______________	______________
Karte kam:	______________	______________	______________

Leni, Umut, Malte, Hanna und Zarah erhalten Postkarten. Von Montag bis Freitag bekommt jeder eine Karte, jeder an einem anderen Tag. Onkel Peter hat eine Postkarte aus Las Vegas geschickt. Die Karte von Karl kommt einen Tag nach der Karte von Oma Elli und einen Tag vor Sinas Karte an. Die Karte aus Thailand ist die letzte Karte, die eintrifft. Sina hat ihre Karte am Montag aus Salzburg losgeschickt. Drei Tage später erreicht ihre Karte den Empfänger. Tante Klaras Karte landet am Freitag in Zarahs Briefkasten. Karl war in seinen Ferien in Neuseeland, während Oma Elli eine Reise nach Südafrika unternommen hat. Umut bekommt Post von einer weiblichen Absenderin, allerdings ist es nicht Oma Elli. Malte erhält weder Post aus Neuseeland noch aus Südafrika. Hannas Karte trifft am Dienstag bei ihr ein.